더함
없는
위로

더함 없는 위로

펴낸날 ⏐ 2023년 4월 5일

지은이 ⏐ 조 동 욱
펴낸이 ⏐ 허 복 만
펴낸곳 ⏐ 야스미디어
등록번호 제10-2569호

편 집 기 획 ⏐ 디자인드림
표지디자인 ⏐ 디자인일그램

주   소 ⏐ 서울시 영등포구 양산로 193, 남양빌딩 310호
전   화 ⏐ 02-3143-6651
팩   스 ⏐ 02-3143-6652
이메일 ⏐ yasmediaa@daum.net
I S B N ⏐ 979-11-92979-01-4 (03230)
정가 15,000원

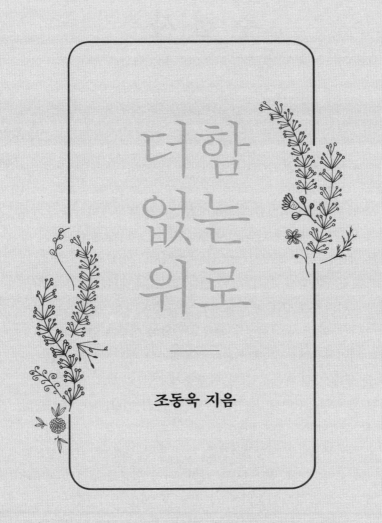

더함
없는
위로

조동욱 지음

YAS야스

추 천 사

시대는 악하고 방향을 잃어버리고 질서를 무너뜨리지만 우리가 갈 길은 '길, 진리, 생명' 되신 예수님입니다. 예수님께 나아가는 방법은 예배를 통해 참되신 예수님을 고백하는 일입니다.

조동욱 목사님의 저서 『더함 없는 위로』는 레위기를 통해 바른 예배로 나아가는 길을 잘 안내하고 있습니다. 또한 성경 속의 인물 중 이 시대와 유사한 현실 속에서 사람들이 어떻게 절망과 상처를 뚫고 일어섰는지를 잘 보여줍니다. 목회자나 성도가 『더함 없는 위로』를 통해서 길 위에서 참된 위로를 발견할 수 있을 것이며 성령님의 도움으로 진리를 고백하고 어둠을 떨쳐 버리는 새 생명을 얻게 될 것입니다.

조동욱 목사님은 대학청년부를 거쳐 중국 북경온누리 비전교회와 수원캠퍼스에서 부교역자로 사역하다가 인근에 위치한 실버타운 빛과 소금교회로 파송되어 6년간 80대, 90대 어르신들을 섬겼습니다. 이러한 경험으로 목사님의 저서는 복음을 전하고 사랑을 전했던 따스함과 정확함이 기록된 책입니다.

시대가 방향을 잃어도 성도의 갈 길은 정확합니다. 예수님 앞으로 나아가는 것입니다. 목회자나 성도들이 『더함 없는 위로』를 읽고 깨어나 참된 예배를 만나며 길, 진리, 생명이신 예수님과 동행할 수 있기에 이 책을 강력히 추천드립니다.

이재훈 담임목사 / 온누리교회

예수님은 참된 생명을 주시려고 인간의 몸을 입으시고 세상에 오셨습니다. 예수님의 지상 사역은 '가르치시고, 전파하시고, 고치시고'였습니다. 오늘날 상처를 입은 사람들이 많습니다. 이 시대는 분명히 이전보다 풍요로워졌지만 몸도 마음도 더 아파하는 사람들이 많습니다. 코로나19 후유증으로 불안, 공포, 우울증 등 많은 질병으로 고통을 당하고 있습니다. 이런 시대를 살아가는 현대인들과 그리스도인의 영혼 속에 있는 해결되지 않은 문제들은 병적인 증세나 이상 행동으로 나타나며, 또는 매우 불행한 결혼 생활을 경험하게 합니다. 이러한 때 예수님의 고치시는 치유 사역이 절실하게 필요한 시대임을 절감합니다.

이 책에 나오는 인물들의 태도나 감정이나 경험들은 우리 자신의 상태나 우리가 사랑하는 사람들의 상황과 유사함을 느끼게 합니다. 그리고 우리에게 어떻게 상처난 감정과 삶을 고칠 수 있을지 질문하게 만듭니다. 조동욱 목사님은 이 책에서 특별히 레위기를 통해 성경적인 해결책을 보여줍니다. 오직 하나님의 말씀만이 인간과 세상, 그리고 교회와 상처받은 영혼들을 치유하실 수 있습니다. 오늘의 목회자들과 성도들이 본질적으로 말씀으로 돌아갈 때 진정한 치유와 근본적인 회복이 일어날 수 있음을 이 저서는 밝히고 있습니다.

오늘날 수많은 목회자들의 설교와 경건 서적, 성경 공부가 있지만 실제적으로 상처받고 위기를 만났을 때 치유할 수 있는 길을 찾지 못해 고통을 당하는 성도들이 많습니다. 조 목사님은 하나님의 말씀만이 『더함 없는 위로』를 공급하며 온전한 회복에 이르게 함을 잘 보여주고 있습니다. 이 책은 하나님께서 친히 말씀으로 함께 하실 때만 근본적인 치유가 일어남을 강조하고 있습니다. 하나님의 은혜와 말씀으로 못 고칠 질병은 없습니다. 이사야 선지자를 통해 주신 하나님의 말씀입니다.

> "나를 청종하라 그리하면 너희가 좋은 것을 먹을 것이며 너희 마음이 기름진 것으로 즐거움을 얻으리라 너희는 귀를 기울이고 내게 나아와 들으라 그리하면 너희 영혼이 살리라"
>
> (사55:2-3)

상처받은 성도들과 교회도 주님의 말씀으로 돌아가면 온전한 치유와 회복이 가능합니다. 성경 말씀을 통해 하나님의 생명과 사랑으로 풍성해질 때 상처를 치유 받고 은혜와 평강이 가득하여 가정과 직장과 교회가 풍성한 생명으로 가득하게 될 것입니다. 이것이 예수님이 오신 목적이요, 목회자에게 주신 목회의 사명입니다.

조동욱 목사님은 인생의 참다운 가치를 추구하며 바른 교회를 위해 깊이 기도하며 진실한 사랑과 신앙이 무엇인지를 보여주는 목회자입니다. 세상에 많은 목회자들이 있지만 조동욱 목사님처럼 진실과 사랑, 성실과 섬김으로 겸손하게 사역하는 목회자는 정말 찾기 어렵습니다. 귀한 저서 『더함 없는 위로』를 읽을 때 우리는 위기의 시대 속에서 수많은 상처와 아픔으로 고통받는 성도들과 교회를 말씀으로 치유하는 삶을 묵묵히 살아가고 있는 소중한 목회자를 만나게 될 것이라 믿습니다. 모든 목회자들과 상처받은 성도들이 이 책을 읽을 때 큰 위로와 도움을 얻을 것이라고 확신하며 추천합니다.

김창근 원로목사 / 무학교회

어떤 철학자는 이 시대를 피로사회라고 명명하면서 사회속에서 외치는 '무한 긍정'은 삶을 피로하게 하고 지치게 만든다고 말했습니다. 이 시대에 정신 병리학적인 증상들이 모든 세대를 뛰어 넘어 참으로 피로한 사회를 만들고 상처받은 공동체를 야기 하고 있습니다.

그런 시대의 상황 속에서 『더함 없는 위로』라는 책 제목은 고향과도 같은 푸근함을 줍니다. 제목에서부터 이 시대는 위로가 필요하고 모든 세대가 치유를 경험하고 하나님의 형상으로 회복되어야 함을 말하고 있는 것을 알 수 있습니다.

이 책의 저자 조동욱 목사님은 참 인간미가 넘치는 분입니다. 따뜻한 마음을 가진 목사님입니다. 이 책 또한 그의 성품을 담아내듯이 따뜻한 온기를 드러내고 있습니다, 그의 글에서는 상처를 품어주고 생체기를 쓰다듬어 주고 있음을 느끼게 됩니다. 많은 기독교 책들이 성경적, 신학적 관점에서 문제를 다루고 있지만, 이 책은 조 목사님의 온전한 목회적 산물입니다. 사역의 현장에서는 늘 성도들의 상처를 어떻게 하면 도와줄까 고민하게 되는데 이 책은 단순한 위로에서 벗어나 치유에 대한 실제적인 답을 제시해 줍니다.

이 책의 초반부는 상처는 용서로부터 시작된다는 측면에서 워밍(warming)하면서, 극한의 상황 속에서 살았던 성경의 인물들이 하나님 안에서 어떻게 상처를 극복했는지로 이어갑니다. 특별히 우리 모두를 레위기로 초대하면서 예배(제사)가운데 우울과 상처를 씻을 수 있게 도와줍니다.

결국 모든 질병과 약함을 지시려 오신 예수그리스도를 통한 치유를 경험하고 예수님께 기대어 서서 믿음으로 상처에 맞설 때 우리는 더함이 없는 예수님의 위로를 경험하게 될 것입니다.

이 시대의 위로와 치유가 필요한 모든 이와 그 물음에 속 시원한 통찰을 보고 싶은 이들에게 이 책을 기쁜 마음으로 추천합니다.

최승도 목사 / 영락교회 선임부목사. 제자양육부 총괄
숭실대 겸임교수 한경직기념사업회 연구 목사

조 목사님의 첫 번째 저서 『삶의 수리점』에 이어 두 번째 저서인 『더함 없는 위로』를 읽는 시간이, 아직도 과거의 쓴뿌리로 인해 가끔 고통받는 나에게는, 예수님이 간음한 여인(나)을 앞에 두고 땅에 무엇을 쓰시는 시간(카이로스의 시간)으로서, 예수님의 일하심을 기다리는 죄인의 심경이었습니다. 그리고 그 쓰신 것이 무엇인지 궁금하였습니다. 그러나 책을 읽는 동안에 예수님은 가시밭 같고 돌 짝 같은 내 마음의 땅에 친히 사랑의 메시지를 써주고 계심을 느꼈습니다. 그것은 '제대로' 기도하지 않으면서 기도하는 나, '제대로' 예배하지 않으면서 예배하는 나를 정죄하지 않으시고 축복하시는 『더함 없는 위로』와 회복의 은혜였습니다.

이 책에서 목사님은 섬기시거나 상담하셨던 많은 사람들의 상처나 열등감 두려움 등 모든 내면의 상태를 진단하며 그 원인이 어디에 있는지 밝히 드러내 보이시며 회복의 주인이신 예수님께 자상하게 인도해 주십니다. 부르짖음은 우리를 지으신 하나님께 드리는 가장 원초적인 언어임을 알게 하시고 오랫동안 '나'를 말하며 생긴 공허함을 벗어나 자연스럽게 '예수님'을 의지하게 하시며 "회복은 예수 그리스도의 길에서 일어나고, 변화는 예수님께로 돌아가는 것"이라고 말씀하십니다.

특히 목사님은 레위기를 통해 '참 예배'를 쉽게 가르치시고 '참 예배'를 통한 회복을 명료하게 설파하십니다. 레위기는 제사하는 방법을 기록한 문서가 아니라, 제사에 참여하는 사람에 관한 그리고 제사를 드리는 사람을 회복시키시는 하나님의 사랑에 관한 책임을 가르쳐 주시고, 복잡한 제사의 형식을 주목하는 것이 아니라 드리는 자의 고백과 마음의 중심을 살펴보게 하십니다.

교회에 수많은 영성 훈련 프로그램과 회복 프로그램이 있어 여러 가지 훈련을 시도했지만 결실을 얻지 못한 사람들이 많습니다. 프로그램 마친 직후는 잠시 회복되는 듯하다가, 과거에 받은 상처가 자꾸 덧나서 자신을 괴롭히고 남을 괴롭히는 사람들이 있습니다. 고장 난 소케트는 그대로 두고 전구만 자꾸 갈아 끼운다고 불이 들어오지 않듯이 상처는 늘 제자리에 있는 사람들입니다. 이 책을 통하여 그 해답을 얻습니다.

조 목사님은 이 책에서 "우울을 벗어나는 방법은 태우는 것입니다. 그리고 버리는 것입니다. 버림이 상처를 탈출하며 버림이 하나님께 나아가는 길입니다."라고 권면하십니다.

그렇게 조 목사님은 우리에게 자상하게 사랑으로 권면하시지만, 결단을 요구하는 엄격함도 있습니다. "상처에 사는가, 기도에 사는가, 선택하라(!)" 그리고 "종교 생활을 할 것인가, 신앙생활을 할 것인가, 선택하라(!)"고 말씀하십니다.

목사로서는 드물게 어떤 권위도 드러내지 않고 참으로 진솔하고 따뜻하시지만 세상과 타협하지 않으시며 아무도 지나가지 않은 그 길 가시는 조동욱 목사님께 감사드리며, 이 책은 모든 성도가 읽어야 할 책이나, 특히 레위기가 어렵다고 생각하시는 분들이나 지금 어떤 이유로든 예배가 형식적이 되고 의무가 되고 기쁨이 없어진 분들이나 사역자 중 일대일 양육자와 가정훈련 사역자와 상담자에게 신앙과 사역의 지침서가 될 것을 확신합니다.

함일성 장로 / 온누리교회

이 책은 상처를 가진 사람들이 하나님께 나아감으로 그 은혜로 회복되는 과정을 레위기의 제사로 잘 보여줍니다. 저는 오늘도 상처의 흔적을 안고 사는 사람들을 만납니다. 자기의 삶에서 처절하게 고민하며 씨름하다가 도움을 구하러 오시는 분들입니다. 그렇게 자신의 상처와 싸우는 내담자를 만나면 하나님이 이들의 상처를 만져주시기를, 제가 그 도구가 되기를 먼저 기도하게 됩니다. 상처는 아물게 되어있습니다. 그런데 아문 상처는 흔적을 남깁니다. 그 흔적은 기억입니다. 상담 과정 중에 기억을 더듬어서 되돌아가기도 하는데, 종종 그들의 왜곡된 기억을 만나게 됩니다. 기억이 왜곡되는 것은 주관적인 '나' 중심의 기억이기 때문입니다.

예배는 '나' 중심의 사고에서 벗어나서 '하나님' 중심의 세계로 들어가는 것입니다. 조동욱목사님은 "진심으로 예배를 사모하는 자는 예배 속에서 하나님의 풍성한 사랑을 경험하므로 상처와 싸우는 것이 아니라 복음으로 눈물을 흘리며"라고 하셨습니다. 예배는 내가 서 있는 이곳에서 드리는 것입니다. 내가 산제물이 되어서 대속하신 예수님의 은혜에 힘입어 오늘도 순종의 제사를 드릴 수 있습니다. 그것이 회복입니다.

이 책을 읽으면서 북경 온누리교회에서 조목사님의 레위기강해를 들었던 경험이 떠올랐습니다. 성경통독을 하면 졸리기 시작하고, 이해도 안 되고, 왜 읽어야 하는지도 몰라서 진도가 안 나던 부분이 레위기입니다. 그런데 목사님과 성경공부를 하고 난 후 레위기가 흥미진진하고 즐거운 성경읽기가 되었습니다. 목사님은 "레위기를 읽으면서 우리가 정말 깨달아야 하는 것은 복잡한 제사형식이 아니라 드리는 자의 고백과 마음 그리고 행동입니다. 사역의 광대함보다는 개인적으로 정결함과 정직과 하나님 중심의 삶이라는 것을 기억해야 합니다."고 하셨습니다. 이러한 제사의 과정은 거룩함으로 나아가는 과정일 것입니다.

레위기가 읽기 어려우십니까? 목사님의 레위기는 예배하는 자세와 하나님께 더 가까이 나아갈 수 있는 방법을 제시합니다. 그리고 상처 많은 인간들이 어떻게 상처를 치유하고 하나님과 함께 천국을 이루면서 살아갈 수 있는지 묵상할 수 있는 기회를 줍니다. 이번 기회에 목사님의 글과 함께 레위기를 손에 들고 하나님의 더함이 없는 위로를 경험을 해보시기를 권합니다.

남수경 안수집사 / 온누리교회, 연세아람 심리상담 센터장 삶에도 수리가 필요함을 알게 해주신 목사님의 두 번째 책은 제목 그대로 더함 없는 위로였습니다. 시선 닿는 곳곳에, 삶의 터전 구석구석에, 두고 함께 해야 할 책입니다. 상처 회복을 원하는 이들, 상처를 붙들고 사는 이들, 이 시대를 살아가는 모든 이들에게, 더함 없는 위로를 줄 수 있는 책이기 때문입니다.

하나님께 이끌리어 사는 삶과 내가 이끌어 사는 삶은 어떻게 다를까요? 후자의 삶을 살았던 저의 시선은 "나"에서 "하나님"으로 이동되었습니다. 말씀조차 나 중심의 시선으로 보니 사무엘을 묵상하면 가족에게 제외된 소외감이 느껴지고 자기연민으로 빠져들었습니다. 눈가리개를 한 경주마처럼 살았습니다. 상처는 몸에 익어 성격으로 굳어졌고 삶을 철저한 나 중심으로 해석하니 교만은 가득 차고 자존감은 낮아졌습니다. 나 중심에서 하나님 중심으로 시선(관점)을 이동시켜주신 목사님께 깊은 감사를 전합니다.

사랑하는 많은 이들이 생각납니다. 회복과 위로가 필요한 분들에게 '이끌리어 사는 삶'을 모르고 '이끌어 사느라' 지친 분들에게 더함 없는 위로를 전하고 싶습니다. "더 이상 욥처럼 하나님을 듣기만 하시지 말고 이제부터 하나님을 보시는 집사님 되세요"라고 말씀하셨던 목사님의 목소리가 귓가에 맴돕니다.

오늘도 삶의 현장에서 "예수 그리스도 이름으로 충분합니다"라고 외치시는 목사님의 선포가 메아리 되어 나온 책입니다. 예수님의 능력을 삶으로 드러내는 성도 되길 원하시는 분들께 읽혀지길 소망합니다.

원미선 집사 / 대구화원성명교회, 한국암웨이 파운더스수석 아무것도 아닌 삶은 없습니다. 또한 삶을 살아가는 사람들도 아무것도 아닌 사람은 없습니다. 그러나 삶 속에 녹아지고 숨어 있는 '상처'에 짓밟힌 사람들이 많습니다. 사람과 사람 사이에서 받은 상처, 환경으로 받은 상처, 꿈과 희망으로부터 받은 상처, 생각하지도 못한 현실로 받은 상처가 많습니다.

그런데 더 아픈 것은 이러한 상처의 구덩이에서 나올 힘도 없지만 구덩이에서 건져주는 사람도 없다는 것입니다. 머리에 떠오르는 것은 '세상을 마침'이라는 문장뿐 입니다. 버틸 힘도 없을 때, 믿을 만한 사람도 없을 때 '어떻게 살아야 하나?' 답이 없을 때 하늘을 봅니다. 답은 하늘에 있을까요?

하나님을 믿는 사람에게 주어진 성경에는 이런 말씀이 있습니다.

"내가 산을 향해 눈을 든다. 내 도움이 어디서 오겠는가? 내 도움은 하늘과 땅을 만드신 여호와께로부터 온다." (시편121:1~2)

하늘을 보든 산을 보든 그곳에는 도움이 없습니다. 오직 하늘과 산을 만드신 창조주 하나님을 바라보라고 명령합니다.

하나님을 바라보는 방법은 예배함에 있습니다. 하나님을 예배할 때 비로소 마음이 열리고 하나님이 보이고 숨 쉴 수 있습니다. 이 책에 기록한 레위기는 바른 예배를 하도록 인도합니다. 상처는 예배에 묻히게 됩니다. 상처는 예배를 통해 닦여집니다. 예배함으로 모든 상처가 소망과 비전으로 바뀝니다. 어둠에 있지 말고 빛으로 나와야 합니다. 예배는 사람을 살립니다.

첫 번째 책 『삶의 수리점』이 출판된 지 5년의 시간이 흘렀습니다. 찾아와 상담하는 수많은 사람을 만나며 '예수 그리스도의 이름을 회복 시켜야겠다'는 마음이 가득했습니다.

교회는 무너져가고 세상에서 이름을 잃어가며 오히려 세상의 비난의 대상이요 걱정거리가 된 때 가장 필요한 것이 무엇일까를 생각해 봅니다. 이제는 예배로 돌아가야 합니다. 예배에 죄사함이 있고 예배에 용서가 있으며 예배에 믿음이 있고 예배에 비전이 있습니다. 욥이 고통 중에 눈에 보이는 하나님을 만나니 그의 인생이 새로워집니다. 상처와 싸우지 말고 하나님을 예배하는 처소로 발길을 돌려야 합니다. 예배는 복을 구하는 것이 아닙니다. '복'이라는 단어 때문에 받은 상처가 있는데 예배함으로 구하는 것이 복이라면 상처는 치유되지 않고 잘못된 예배함입니다. 예배는 하나님께 나아가는 길이요 진리이며 생명을 새생명으로 바꾸는 통로입니다. 이 책을 통해 바른 예배를 꿈꾸고 예배를 통해 하나님을 만나는 성도가 많아지길 소망해 봅니다. 말씀이 살아나고 가정 예배가 살아나

고 교회가 성령으로 충만해지고 성도가 서 있는 곳이 예배의 자리
요 성도 자신이 예배자가 되길 소망합니다. 말씀 안에서 예배할 때
상처는 힘쓸 수 없습니다. 예배함으로 하나님나라를 회복합니다. 가장
큰 위로는 말씀과 예배에 있습니다.

이 책이 나오기까지 멀리 대구에서 상담의 기회를 주며 도전을
주신 분들께 감사드리며 특별히 책을 마감하도록 짧은 시간의 만남
을 통해 용기를 주신 무학교회 김창근 원로목사님과 사모님께 깊이
감사드리며 출판되도록 함께 기도해준 장모이신 한희숙 권사님과
아내 박정미 사모에 감사하며 든든한 자리에서 하나님을 바라보며
자라준 세 자녀 수현, 용범, 용우에게 감사하고 특히 실버타운 유당
에서 인생을 가르쳐 준 강병희 장로님, 조정순 권사님, 박인순 권사
님, 이혜경 권사님, 김흥열 장로님께 감사드립니다.

2023년, 봄의 입구에서 비전을 바라보며
저자 조동욱 목사

목차

예수께서 이르시되
내가 곧 길이요 진리요 생명이니
나로 말미암지 않고는 아버지께로 올 자가 없느니라

요한복음 14:6

I

상처 보다 하나님의
프로그램에 서라

1. 복음은 상처를 지운다

2014년도, 수도권의 한 실버타운에 교회를 설립하여 2020년도 까지 6년간 어르신들을 섬길 기회가 있었습니다. 그곳에서 80대, 90대의 장로님들과 권사님들을 뵈면서 믿음의 1세대들이 이겨냈던 진솔한 신앙 이야기를 들었습니다.

"죽이라요……"

이 말은 권사님께 들은 그분의 어릴 적 고백입니다. 1950년 6.25전쟁 전에 평양에 사시던 권사님은 교회에 다니길 즐겨 하시며 신앙이 좋은 아이였습니다. 어느 날 마을에 핍박이 시작되었습니다. 공산당에서 어린이들을 교회에 가지 못하게 하려고 주일에 학교로 등교를 시킨 것입니다. 그러나 권사님은 학교의 출석보다 주일을 지켜야 하는 마음으로 등교를 거부하고 교회에 갔습니다. 그때 등교를 하지 않고 교회 출석을 위해 집에 남아있는 어린이들을 군인들이 직접 찾아다녔답니다. 그러고는 집에 남아있는 어린이에게 총부리를 들이대었다고 합니다.

"학교 갈래? 교회 갈래? 학교 안 가면 이 자리에서 죽는다."

그러나 권사님의 어릴 적 신앙도 만만치 않았습니다. 두 눈을 부릅뜬 채로 총부리를 부여잡고 군인을 향해 쏘아붙입니다.

"죽이라요. 죽이라요."

그렇게 신앙을 지키셨던 이야기를 들었습니다. 그러면서 가슴 저린 한마디를 더 하셨습니다.

"목사님, 평양에 얼마나 교회가 많았는지 알우?"

북한에 있었던 교회에 대해 듣고는 있었지만 이런 질문은 생각지도 못한 질문이었습니다. '평양에 교회가 얼마나 많았는지……' 이 질문에 저절로 북한 땅을 위해 기도하게 되었습니다. 신앙을 이렇게 지켜내셨던 분들의 이야기를 들으면 지금 나의 신앙생활이 마냥 부끄럽습니다. 지금도 평양에 교회가 얼마나 많았는지에 대한 질문은 잊히지 않습니다. 이것뿐만이 아닙니다.

"목사님, 살던 집 근처에 교회가 없었어요. 그래서 조반 먹고 6시에 출발해서 두 시간을 넘게 걸으며 산을 넘어 교회 갔지요. 오전 예배를 드리고, 준비해 간 도시락을 먹고, 오후 예배를 드리고 집으로 돌아오면 저녁밥을 준비했지요."

하시면서 자랑스럽게 말씀하셨던 권사님도 계셨습니다. 유교적 전통이 강해 예수님을 믿지 않는 집으로 결혼해 와서 제사와 신앙의 일로 핍박받았던 간증, 전쟁통에 고비 때마다 하나님을 붙들고 살 수밖에 없던 간증, 일찍이 남편을 여의고 자녀들을 키우며 하나님만 바라볼 수밖에 없었다는 간증, 권사님들의 이야기를 전해 들으며 1세대 신앙인들의 모습을 상상해 보곤 합니다. 그중에서 온 집안이 바뀐 신앙 이야기가 기억에 남습니다.

　대부분 60~80년 전의 이야기입니다. 그러나 언제나 신실하게 일하셨던 하나님을 경험하게 되며 한편으로는 우상 단지 속에 사단, 마귀가 얼마나 이 땅에 똬리를 틀고 앉아 있었는지를 깨닫게 됩니다.

　2019년쯤 당시에 83세가 되신 박 권사님의 이야기입니다. 권사님은 20살이 조금 넘어 시집을 가게 되었습니다. 서울 사대문 안에 살고 계셨던 권사님이 시집을 간 곳도 형편이 넉넉하면서도 시아버지께서 학문적으로 깨어 계셨던 집이었다고 합니다. 그래서 권사님의 남편이셨던 아들을 개화 학교에 보내게 됩니다. 외아들이며 독자獨子였기 때문에 아주 귀하게 키우셨을 뿐 아니라 시어머니께서도 아들의 이야기를 전부 수용해 주시는 분이셨습니다. 그런데 남편이 근대식 학교에 다니면서부터 문제가 생기기 시작했답니다. 언제부터인가 남편의 옆구리에는 성경책이 항상 들려 있었습니다. 유교적인 전통을 중시하던 가문에서 신학문이라고 배워 온 것이 기독교의 성경 말씀이었습니다. 게다가 주일이면 교회를 다니기 시작했다고 합니다.

시아버지는 남편이 근대식 학교를 끊을 것과 성경을 버리라고 여러 번 타이르셨습니다. 심지어는 남편을 불러 놓고 회초리로 종아리를 수없이 때리셨습니다. 몇 번 그런 일이 계속되었으나 신학문과 성경 말씀을 배운 남편은 굽힐 줄 몰랐습니다. 결국에 시아버지는 남편으로부터 학문과 성경의 이야기를 접하시고는 수용하는 쪽을 선택하셨습니다.

그런데 문제는 시어머니 쪽이 더 컸습니다. 단순히 학문적인 문제가 아니었습니다. 시어머니가 머물던 건너 채에는 다락방이 하나 있었습니다. 그 다락방에는 온갖 우상의 본거지였다고 합니다. 이름도, 출처도 모를 상들을 모셔 놓고 밤낮으로 절하고 향을 피우던 곳입니다. 더욱이 권사님의 남편인 아들이 교회를 다니기 시작하면서 시어머니는 이름 모를 병에 시달리셨습니다. 의원들이 찾아오고 갖가지 약을 구해 먹었으나 도무지 나을 기미가 보이지 않았습니다. 게다가 종교적인 문제로 인해 아들과 크게 다투기도 했습니다. 어머니의 말이라면 늘 순종하였던 아들이 종교 문제만큼은 양보하지 않는 것을 깨닫고는 중대한 결정을 하셨습니다.

"나도 이제 기독교를 믿어야겠다."

그날 아침, 시어머니의 건강 상태는 더욱 나빠지셨습니다.

그러던 중에 시어머니는 자신의 다락방에서 거대한 영적 기운들이 나와서 한참 동안 괴롭히고 겁을 주는 것을 느꼈답니다. 천장에 매달린 귀신들이 잡아먹을 듯이 소리치고 괴로워하는 모습이 보였습니다. 그러다가 잠시 후 그 귀신들이 집을 빠져나가는 것을 눈으로 확인할 수 있었습니다. 그러더니 오후부터 열이 내리고 몸이 나아지면서 온전히 회복되었습니다. 그리고 그 길로 다락에 있던 모든 우상 조각들을 집 밖으로 버려 다 태워 버리셨습니다. 그 후 권사님도 시댁에서 신앙생활을 다시 시작하게 되었고 하나님의 은혜로 아들, 딸 낳으며 잘 지내게 되었다는 이야기를 들었습니다.

1대, 2대의 신앙을 거치며 교회 생활을 해 오시던 분들의 이야기 속에는 이러한 영적인 전쟁들이 존재합니다. 이것은 옛날이야기가 아닙니다. 지금도 우리의 삶 속에는 영적 전투들이 늘 벌어집니다. 성경 안에서도 이 영적 전투를 위해 각별하게 준비할 것을 기록하고 있습니다.

> 내가 이르노니 너희는 성령을 따라 행하라 그리하면 육체의 욕심을 이루지 아니하리라 육체의 소욕은 성령을 거스르고 성령은 육체를 거스르나니 이 둘이 서로 대적함으로 너희가 원하는 것을 하지 못하게 하려 함이니라
>
> (갈라디아서 5:16,17)

또 한 분은 당시 80대에 들어서신 이 권사님입니다. 일찍 남편을 여의고 딸 하나, 아들 둘을 키우며 살게 됩니다. 지금도 권사님의 영적 무기는 기도입니다. 항상 점심 식사 시간 전에 교회 본당부터 찾아오셔서 기도하시는 모습을 보게 되며 예수님을 전하는 일에 관심을 두는 것을 보게 됩니다.

"목사님, 난 예수님 없으면 못 살아! 예수님이 최고지" 하시며 손가락을 치켜세우던 모습이 눈에 선합니다. 외로움과 힘든 일이 있을 때마다 기도로 넘어선 은혜를 고백합니다.

남편이 세상을 떠나고 얼마 지나지 않아 딸이 정신적인 충격 때문인지 심각한 우울증이 찾아왔답니다. 무기력과 더불어 정신적인 문제가 생겨서 여기저기 찾아가 보았지만 특별한 효과가 없었습니다. 문득 '교회에 가야겠다.'는 생각이 들었답니다. 그때부터 교회에 출석하면서 신앙생활을 시작했습니다. 아직 예수님이 누구신지, 하나님이 누구신지, 기도가 무엇인지도 잘 모르는 때 오직 할 일은 기도라고 생각하고 교회를 나온 것입니다.

그때 마침 그 교회에 새벽마다 기도하러 오시는 세 분의 권사님을 만나게 되었습니다. 딸에 대한 이야기를 전해 들으신 세 권사님은 기도에 관한 이야기를 하시면서

"아직 멀었네." 이렇게 말씀하셨습니다.

"권사님, 어떻게 기도해야 합니까?"

이 권사님이 세 분의 권사님께 물었습니다.

"철야에 나와서 기도해, 목숨 걸고 기도해야지."

이렇게 답을 듣고 이 권사님은 당일부터 철야를 시작했습니다. 기도가 뭔지도 잘 모르고 어떻게 기도해야 하는지도 모르는 상황이라 그저 엎드려서 하고 싶은 대로 기도를 했습니다. 그렇게 밤이 새고 집으로 가는 길에 기도에 대한 충고를 주셨던 세 분의 권사님을 뵈었는데 이 권사님의 얼굴을 보시더니

"아이고! 아직 멀었어."

그러시더랍니다. 그래서 밤에 다시 교회를 찾아 철야 기도를 시작했습니다. 그런데 어제와는 다르게 기도 시작부터 눈물이 흐르고 입에서 계속 죄가 고백되고 회개하며 우느라고 정신을 다 빼셨답니다. 그렇게 울다가 또 울다가 시간을 보니 어느새 새벽 4시가 되었습니다. 짐을 챙겨 기도 방을 나오는데 어제처럼 또 세 분의 권사님을 마주쳤습니다. 세 권사님께서 얼굴을 보시더니

"아이고, 이제 되었네. 빨리 집에 가 봐"

하셨답니다.

그 길로 집에 가보니 딸이 잠을 자고 있는데 그 모습이 전과 완전 다른 모습이었습니다. 아침에 일어나 아들에게 어젯밤의

이야기를 들으니 또 깜짝 놀라게 되었습니다.

"엄마, 어젯밤에 누나가 자다 말고 대문 밖으로 나가서 내가 쫓아갔어요. 누나를 막 불러도 돌아보지도 않고 계속 가는 거야. 그래서 내가 계속 따라갔지. 그런데 길도 없는 허름한 창고로 들어가는 것 같더니 사라져 버렸어요. 그 밤에 몇 번을 부르다가 무서워서 집으로 돌아왔는데 누나가 집에서 그대로 자고 있었어요"

하는 이야기를 전해 들었습니다.

정리해 보면 이 권사님의 이야기는 딸을 붙잡고 있던 사단이 딸에게서 떠나고 집을 나갔다는 이야기였습니다. 그동안 딸의 상처를 사단이 붙잡고 정신을 온통 어지럽혔습니다. 회개하며 눈물로써 예수님의 이름으로 기도하고 구했을 때 사단이 딸의 몸에서 떠난 것입니다. 회개하며 부르는 예수님의 이름에는 권세가 있습니다. 성경에도 백부장은 예수님께 고백합니다.

> 백부장이 대답하여 이르되 주여 내 집에 들어오심을 나는 감당하지 못하겠사오니 다만 말씀으로만 하옵소서 그러면 내 하인이 낫겠사옵나이다 나도 남의 수하에 있는 사람이요 내 아래에도 군사가 있으니 이더러 가라 하면 가고 저더러 오라 하면 오고 내 종더러 이것을 하라 하면 하나이다 (마태복음 8:8,9)

지금도 이런 전쟁을 하는 사람들이 많습니다. 결국 '상처'라는 상황에 사단이 장난을 침으로 신자들에게 하나님께서 부여하신 고귀한 삶을 엉망으로 살게 합니다. 우리 귀를 울리는 사단의 음성에서 벗어나기 위한 길은 오직 '예수 그리스도' 그 이름이라는 것을 깨달아야 합니다. 무거운 상처가 우리의 삶을 엉망으로 만들고, 병든 육체로 만들고, 무기력한 정신력으로 살게 합니다. 또한 비교하는 마음을 가지고 사람들의 눈을 의식하며 살게 하기도 합니다. 이 모든 것들이 상처로 변하여 우리 삶의 길이 되고 망가뜨립니다. 그래서 성경은 우리에게 경고합니다.

이는 세상에 있는 모든 것이 육신의 정욕과 안목의 정욕과 이생의 자랑이니 다 아버지께로 부터 온 것이 아니요 세상으로 부터 온 것이라 (요한일서 2:16)

2. 상처 행진곡을 복음으로 끊으라

얼마 전 '일대일 양육자반'을 마치면서 변화된 자신의 삶에 대해 나누기를 했습니다. 그때 한 자매님께서 이런 말을 했습니다. 친구 중에 우울함에 심히 빠져있고 공황 증세도 있으며 잠을 제대로 못 자는 친구가 있었답니다. 자매님은 본인도 연약한 터라 걱정하고 있었습니다. '일대일 성경공부' 순서에는 '순종' 다음에 '사역' 일정으로 되어있습니다. 자매님은 하나님께 순종하는 마음으로 친구에게 도움을 주는 사역을 해야겠다는 생각을 했답니다. '일대일 양육자반'에서 공부했던 예수님에 대한 이야기를 배운 대로 나누기로 결정했습니다. 그리고 교회로 초청하며 성경 안에 살아 계신 예수님의 이야기부터 시작해서 복음의 이야기를 했습니다. 놀랍게도 친구는 다음 날부터 새벽기도를 위해 성전을 찾았고 예수님께 나아오는 모습이 있었답니다.

우울과 공황과 불면은 결국 복음을 받아들이고 믿으면 해결될 수 있습니다. 상처 안에 사는 것이 편해서 상처에 머물기를 원하면 답은 없습니다. 상처를 뿌리치려고 노력하는 것이 아니라 삶의 태도를 바꿔 나가는 것이 정답이 됩니다. 그 기준은 예수 그리스도의 말씀과 삶 안에서 해결해야 합니다. 상처는 많은 사람들 속에서 독하게 살고 인생을 그릇되게 바꿔 왔습니다. 가족을 갈라 세우고 가정을 무너뜨리는 일은 기본이고 개인적으로도 소위 '잠수'라고 하는 것처럼 숨어버립니다. 숨어버리는 이유는 혼자 있고 싶거나 찾지 못하게 하는 상황과는 거리가 멉니다. 오히려 그 반대 입장입니다. '나를 발견해 주세요. 나에게도 관심을 가져주세요.' 또는 '나는 어떤 방법이든 저 사람을 이기고 싶어요.'라는 호소가 대부분입니다. 또한 성장하며 '성인 아이(Adult children)'라는 이름표를 붙이고 살아가는 사람들이 있습니다. 성인 아이를 다른 이름을 붙인다면 '5살의 틀에 갇힌 어른'이라 해도 틀리지 않습니다. 그런데 더 깜짝 놀라는 것은 대부분이 '성인 아이'의 틀에 갇혀 있다는 것입니다. 성인 아이는 하고픈 일은 해야 하고 교만이나 자기 자랑의 덫으로 이끌고 이기주의나 개인주의의 방향으로 이끌어서 다른 사람에게 피해를 주는 사람이 많습니다. 성인 아이는 실제 어린아이처럼 '호불호'가 확실하고 직설적 대화법을 드러냅니다. 게다가 개인적인 판단으로 오답을 정답처럼 사용한다는 것입니다. 성인 아이가 만들어 낸 대표적인 것은 소위 '관종'이라고 불리는 '관심종자'입니다. 낮은 자존감과 수치심은 역으로 분노와 갈등을 만들고 부정적인 반응이 많습니다. 상처는 계속해서 이런 돌밭으로 가게 합니다. 그런데 더욱 걱정스러운 것은 스스로가 상처받은 인간이라는 점을 무시하고 산다는 점입니다. 자신은 절대 이런 증세가 없다고 판단하고 살아갑니다. 하지만 행동에 성인아이의 모습이 살아있음이 무서울 따름입니다. 사역을 잘하는 것과 거듭나는 것은 별개입니다. 상처는 인간이 편하게 늙도록 내버려 두지 않습니다. 90세가 넘으신 어르신들 부부이며 주일마다 예배에 꼭 참석하시는 성도님의 부부 사이에 질투가 존재하고 의부증으로 시끄럽게 한 일도 있습니다.

내가 상처로 부족한 것이 무엇이고 공동체를 해롭게 하는 일이 무엇인지 살펴야 합니다. 복음으로 돌아와서 예수님을 알고, 믿고, 의지하며 돌아와서 상처가 해결되고 하나님이 원하시는 바른 삶, 바른 가정으로 회복해야 합니다. 내 안에 정리되지 않은 믿음이 있는지, 내 안에 정리되지 않은 욕심이 있는지, 내 안에 정리되지 않는 편견이나 술책이 존재하는지를 살펴서 예수님 앞에 바로 서는 훈련을 계속해야 합니다. 특별히 하나님께서 이 땅으로 우리를 보내신 이유를 잊고 살기 때문입니다. 자신을 위해 살라는 것이 아닙니다. 이 땅에 복음을 듣지 못한 사람들 위해 헌신하며 복음전도를 위해 기도하며 살아야 합니다. 주변에 믿음이 없는 사람이 많은데도 불구하고 오직 눈과 마음이 자신에게만 있기 때문에 스스로 상처와 싸울 수밖에 없습니다. 손에 있는 권력과 금전욕구를 내리고 하나님을 바라보며 하나님의 말씀대로 복음을 전하고 선교를 다하는 일에 관심을 둘 때 하나님의 은혜 속에서 상처 탈출을 할수 있습니다. 진심으로 예배를 사모하는 자는 예배 속에서 하나님의 풍성한 사랑을 경험하므로 상처와 싸우는 것이 아니라 복음으로 눈물 흘리며 전도하는 자가 될 것입니다.

3. 상처 보다 하늘의 소리에 관심을 가지라

성경 안에도 상처 입을 만큼 어려움을 당한 인물이 많습니다. 그러나 이들은 자신 안의 상처를 보고 산 것이 아닙니다. 이기는 능력을 주시는 하나님을 바라보고 살았습니다. 자신 앞에 닥친 상처와 위기를 이긴 힘은 하나님의 이름을 기억하는 일이었습니다. 마음으로 제단을 쌓아 날마다 예배하며 하나님 앞에서의 삶을 살기를 결단해야 합니다.

성경 안에 최초로 미친 사람처럼 살았던 사람이 아마도 노아가 아닐까 합니다. 노아는 살아있는 동안 어떤 이름으로 살았을까요? 사람들은 노아를 향해 손가락질하며 정신이 이상한 사람이라고, 미친 사람이라고 흉을 보았을 것입니다.

"배는 물 근처에서 만들어야지 그리고 배 모양이 왜 저래 배에 돛도 없고 닻도 없고."

배 모양을 보니까 배도 아니고 거대한 나무 상자를 만드는 것입니다. 크기가 작지 않습니다. 길이 300 규빗, 너비 50 규빗, 높이 30 규빗. 미터 단위로 환산하면 대략적으로 길이 140 미터, 너비 23미터, 높이 14미터 정도입니다.

사람들이 뭐라 하여도 노아에게는 장점이 있습니다. 사람의 소리에 귀 기울이지 않습니다. 노아에게는 하나님의 음성이 가장 중요했습니다. 이유도 묻지 않고 궁금하지도 않습니다. 하나님께서 그러면 그러는 줄 압니다. 그러면 그러시는 줄 이해하면 됩니다. 만일 노아와 자신을 비교해 보면 사람의 마음이나 반응에 귀를 기울인 적이 많을 것입니다. 귀 기울인 정도가 아니라 상대방의 마음에 영향을 받고 상상합니다. 자신이 저지른 일은 묵과하면서 타인의 작은 티끌에 오래도록 반응합니다. 그래서 때로는 상처로, 분노로, 두려움으로, 질투로 살아갑니다.

상처가 만든 상상은 좋게 결론을 내지 않습니다. 항상 답은 상처 입은 자의 중심이기 때문에 좋은 결과를 얻기란 힘듭니다. 낮은 자존감의 상상입니다.

"저 사람이 이렇게 생각하면 어떻게 할까?

그러니까 두려움이 찾아옵니다. 외로움이 찾아옵니다. 갈등이 생기고 서로에 대해 오해가 생기게 됩니다.

"나를 싫어하는 거 아닐까?"

"나를 흉보는 거 아닐까?"

"나를 무시하나? 진짜 문제가 있는 사람이구나"

이런 경우 나이가 들어가면서 악한 증세는 '의처증'이나 '의

부증'이 나타나기도 합니다. 아닌 듯 감추고 살지만 부부 사이에 존재하는 의부증이나 의처증은 가정을 위험에 빠뜨립니다. 이러한 시작은 알 듯 모를듯한 상처에서 시작된다는 것입니다. 인정하고 이런 증세를 없애도록 복음 안에서 훈련하지 않으면 이런 현실에 부딪히게 됩니다. 결혼 전이나 신혼 초기에 교회 안의 부부훈련 프로그램에 도움을 받는 것도 좋은 방법입니다.

합리적인 생각이 아닌 경우에는 병적 증세로 발전됩니다. 심각하게는 '스토커'나 '몰래카메라'를 찍고 다니는 사람들을 만들어 냅니다. 이것은 범죄인 동시에 치료받아야 할 병적 증세입니다. 이성(理性)으로 통제할 수 없는 욕망을 지니고 있습니다. 욕망이 이성을 이기고 있다면 반드시 점검해야 합니다. 사람의 소리에 전혀 '나 몰라' 할 수는 없지만 여기서 중요한 것은 사람의 소리에 절대 영향받지 않아야 합니다. 그 사람이 나를 살리는 것이 아니라 하나님이 나를 살립니다. 자신의 방법이 아니라 하나님의 방법입니다. 노아는 이 부분에 있어서 명쾌했습니다. 사람의 소리나 사람의 행동에 영향을 받지 않았다는 것입니다. 하나님도 노아를 인정합니다.

이것이 노아의 족보니라 노아는 의인이요 당대에 완전한 자라 그는 하나님과 동행하였으며 (창세기 6:9)

온 세상이 타락했을 때 하나님의 사명을 맡길 자를 찾습니다. 이 기준은 지금도 마찬가지입니다. 그래서 사람의 소리나 분위기가 아니라 하나님 앞에 항상 바르게 서야 합니다. 아무리 둘러보아도 노아만큼의 사람이 없었습니다. 일반적인 사람들은 상처가 무엇인지 알면서도 상처를 붙들고 하나님보다 사람들의 소리에 귀 기울이는 습관이 가득했습니다. 때로는 마음의 소리에 집중해서 육체가 원하는 일에 관심을 가지다 보니 실수하거나 범죄를 저지르게 되고 자신과 세상을 망가뜨리는 일이 종종 발생합니다. 심지어 자신의 마음에 귀 기울이고 사람의 눈을 집중하다 보니 조작해내기도 합니다. 상처 속에 살면서 믿음 있는 척하기 위해 분위기를 만들기도 하고 '자기 말이 곧 법'이 되도록 머리를 씁니다. 세상의 원리와 법칙과 다르지 않게 살아갑니다. 이것은 심각한 교만입니다. '자기 세움'이며 자신의 영광이 더 중요한 사람입니다. 돌이켜 회개하며 하나님의 말씀에 귀 기울여야 합니다. 그래야만 세상을 바르게 살아갈 수 있는 것입니다. 이런 믿음으로 하나님께 인정받아야 천국에 도착할 수 있습니다.

믿음으로 가는 길에 우리를 가로막고 있는 벽이 존재합니다. 그 벽의 이름이 바로 '상처'입니다. 모든 사람은 크든 작든 저마다의 상처를 지니고 있습니다. 성공했든지, 실패했든지 또는 높은 위치에 있든지 아니면 낮은 위치이든지 때로는 자존감이 높은 사람이라도 상처가 있음을 알게 됩니다. 자신의 상처를 찾지 못했다고 할지라도 그 상처는 점점 삶 속으로 파고들게 되어있습니다. 상처를 이기는 방법을 모르면 점점 악마의 모습을 따라갑니다. 추악하게 되고 살기 위해 발버둥 치므로 겉모습만 화려하며 경건의 모양만 남은 사악함이 몸에 살아있음을 주의해야 합니다. 요즈음은 130세 시대라고 합니다. 이렇게 나이는 들어가는데 추악한 모습이 되어 간다면 불행한 인간이 되어가는 것입니다.

모든 상황을 이기는 방법은 '천국 소망'입니다. 천국의 참된 소망은 기쁨입니다. '하나님을 기뻐하고 있는가?'를 신앙생활의 기준으로 삼아야 합니다. 신앙의 목적은 기쁨 되신 예수님과 친밀감입니다. 이것이 상처를 이기는 방법입니다.

> 지금 내가 아버지께로 가오니 내가 세상에서 이 말을 하옵는 것은 그들로 내 기쁨을 그들 안에 충만히 가지게 하려 함이니이다 (요한복음 17:13)

예수님께서 마지막 길에서 제자들을 위해 남긴 기도문에서 기쁨을 강조합니다. 그 기쁨을 발견하는 사람이 상처를 무너뜨릴 수 있습니다.

4. 상처에서 기쁨으로 바꿔라

어릴 적 자라온 환경은 기질과 성향을 만듭니다. 엄격하거나 규칙적인 아버지 아래에서 자라거나 경쟁이 될만한 형제 사이에서 자란 경우 날카로운 성품과 더불어 권위자에게는 고개를 숙이나 경쟁자를 무시하는 습관이 몸에 남습니다. 이런 참혹한 성향이나 기질에서 탈출하는 방법은 기쁨입니다. 살기 위한 기쁨이 아닌 하나님을 향한 기쁨입니다. 말씀을 읽는 기쁨, 기도하는 기쁨, 긍휼을 베푸는 기쁨, 겸손이 드러나는 기쁨입니다. 참된 기쁨을 소유하면 드러나는 현상이 다릅니다. 기쁨으로 살면 하나님이 보이며 하나님께 감사하게 됩니다. 그리고 사명을 발견합니다. 상처에서 기쁨으로 옮겨야 합니다. 살아남기 위한 안도의 한숨이 이니라 철절하게 부서지더라도 하나님의 기쁨이 되는 참기쁨이 필요합니다. 이렇듯 기쁨은 감사로 이어지는 직진코스이며 삶의 보람과 활력을 찾습니다. 그러나 사실 참된 기쁨을 소유하지만 기뻐하는 일로만 기뻐한다면 유효시간이 발생합니다. 날마다 기뻐할 수는 없을 것입니다. 그러나 성령님께서 주시는 기쁨은 다릅니다. 가슴 뛰고 새 일을 만난 것처럼 흥분됩니다.

스스로 점수를 매겨 봐야 합니다. 조금 힘들고 어려운 일이 생겨도 낙망하지 않고 우울해하지 않는 것은 하나님이 함께하심을 고백하는 일입니다. 그리고 어떻게 하면 하나님의 영광이 더 드러날 것인지를 묵상하며 실천하는 일이 필요합니다.

때로는 마음이나 기억 안에 가득했던 사람이나 사건이 자신을 갑자기 떠나면 상당한 충격을 경험합니다. 그리고 우울함과 절망과 두려움이 찾아옵니다. 이때에는 사단이 우울과 절망을 통해 우리에게 영적 환상 속에서 잘못된 길로 이끌어 갑니다. 실제 듣고 경험한 바에 의하면 "집 앞뜰에 누군가 길을 넓히는 작업을 한다."라고 합니다. "거실에 누가 들어와서 밥을 먹는다."라고도 합니다. 어떤 이는 "창가로 보이는 뜰 앞에 새들이 집을 지어 날아다닌다."라고도 합니다. 그러나 이 일은 아무 일도 일어나지 않는 섬망(譫妄)이며 어릴 적 추억이나 마음의 사악한 병이 나타납니다. 이러한 심각성은 환자를 치매로 이끌어가기도 하고 뇌에 영향을 주어 뇌출혈의 증상을 악화시키기도 합니다. 의학적인 또는 상담학적으로 전문적 의견이 필요합니다. 세상에 대한 기쁨이 한 순간에 사라지는 사람들에게 나타나는 갑작스러운 증상이기도 합니다. 만일 주변에 이런 일들이 있다면 주의 깊게 보고 전문의를 찾아가며 영적인 일로 말씀과 기도로 하나님을 만날 수 있는 자리로 안내하는 일이 필요합니다.

특별히 실버타운에서 들은 이야기 중 하나는 남편과 사별(死別)하고 어린 자식을 홀로 키운 여성 어르신의 경우 장남의 서열은 남편과도 같다는 것입니다. 장남의 이야기에 큰 영향을 받고 장남의 행동에서 남편과 같은 반응을 일으킨다는 것입니다. 장남의 서운한 행동은 마치 인생이 끝인 듯한 절망감이 찾아오기도 하고 반대로 장남의 방문이나 기쁜 소식은 살맛 나게 한다고 합니다. 이 모든 상황이 상처에서 시작되는데 하나님을 바라지 않고 상황이나 자신을 위로받기 위한 행동으로 보입니다.

한번은 청년 자매가 찾아왔습니다. 언니를 만나서 상담해 달라는 것이었습니다. 언니를 만나보니 생활하기가 어려운 것은 아니지만 상처로 인해 영적으로 헷갈리는 일이 있었습니다. 그래서 현재 정신과 치료를 받아야 하는지 고민 중이었다고 합니다.

며칠이 지나 교회에서 만나 간략한 이야기를 듣고 기도하던 중에 갑자기 어린아이의 목소리로 알아들을 수 없는 말을 거듭하면서 아버지를 찾고 있었습니다. 깜짝 놀라서 기도를 마친 후에 이야기를 들어보니 부모님이 어렸을 때 이혼 — 어른들은 아무런 일이 아닌 것처럼 이별하지만 자녀에게는 이 사건이 상당한 충격 이상의 것 ─ 하시고 아버지와 떨어져 자랐다는 것입니다. 그래서 결혼할 남자를 만기도 어렵다고 이야기했습니다. 이혼의 무서운 증거이기도 하며 영적인 영향입니다. 이혼하는 또는 이혼한 부부는 자녀를 위해 더욱 고민하고 기도해야 할 것입니다. 영적으로 어려움을 당하고 있는 자매에게 달리해줄 게 없습니다.

"예배하는 것이 답입니다. 예배팀에 들어가셔서 찬양으로 섬기십시오. 예수님의 이름으로 주님만 바라보십시오"

다행히 자매는 예배팀에 들어가서 예배를 섬기며 동료들이 생기고 찬양팀에서 찬양하면서 조금씩 회복되었습니다. 2년이 지나서는 결혼한다는 소식이 들려왔습니다. 영적으로 건강해졌습니다.

5. 용서하셨습니까?

    성경의 핵심은 사랑입니다. 그러나 사랑만큼 강조하는 단어가 있습니다. '용서'라는 단어입니다. 용서가 얼마나 중요한지는 산상수훈 속에서도 살펴볼 수 있습니다.

> 너희가 사람의 잘못을 용서하면 너희 하늘 아버지께서도 너희 잘못을 용서하시려니와 너희가 사람의 잘못을 용서하지 아니하면 너희 아버지께서도 너희 잘못을 용서하지 아니하시리라 (마태복음 6:14,15)

    신앙의 시작은 용서입니다. 용서는 가장 실천하기 어려운 단어입니다. 그러나 용서의 삶이 되지 않으면 구원의 길로 들어서기가 어렵습니다. 왜냐하면 '예수님의 용서'를 제대로 깨닫지 못하기 때문입니다. 신학 이론에 뛰어나다고 구원받는 것이 아닙니다. 성령을 의지하여 용서할 능력이 있어야 합니다. 참된 용서가 참된 겸손이고 참된 믿음의 시작이며 참된 구원이 됩니다. 큰 사역을 하고 오랜 기간 신앙생활을 하였을지라도 용서가 없다면 믿음으로 출발할 수 없는 것입니다.

"용서하셨습니까?"

예수님께서 십자가에서의 죽으심은 단순히 인간에 대한 죄 사함으로만 해석하면 좋은 해석이 못 됩니다. 십자가는 용서를 바탕으로 합니다. 인간이 지은 죄를 하나님은 용서하시기 위해 독생자를 보내서서 우리를 대신하여 죽으신 것입니다. 십자가, 즉 예수님의 죽으심은 용서를 결정하시고 인간을 향한 죄 사함이 실행됨을 바탕으로 합니다. 성경에서도 용서에 대한 것을 강조하며 예수님의 말씀(마18:23~35)을 찾아볼 수 있습니다. 하늘나라의 이야기 들려주십니다.

임금이 말합니다. 결산할 때 만 달란트 빚진 자 하나를 데려오매 갚을 것이 없었습니다. 주인이 명하여

"그 몸과 아내와 자식들과 모든 소유를 다 팔아 갚게 하라"

이에 갚을 것이 없는 종은 엎드려 빕니다.

"내게 참으소서. 다 갚으리이다"

임금이 이를 불쌍히 여겨 놓아주며 빚을 탕감해주었습니다.

예수님의 이야기가 여기서 끝났으면 좋았겠지만 2부가 있었습니다.

빚을 탕감받은 종이 자신에게 빚진 자를 찾아냅니다(마18:28). 성경은 '길에서 우연히 만났다.'라는 표현을 사용하지 않고 '찾았다'라는 표현을 사용합니다. 말씀처럼 빚을 탕감받은 종

이 자신의 용서 받음을 감사하지 못하고 자신의 처지만 생각합니다.

'그 종이 나가서 자기에게 백 데나리온 빚진 동료 한 사람을 만나 붙들어 목을 잡고 이르되 빚을 갚으라 하매(마18:28)'라고 기록합니다. 그러나 길을 가다가 우연히 만난 장면이 아닙니다. 성경은 '만나다'의 동사를 '휴리스코'로 기록합니다. 의미는 '찾다(find), 발견하다(discover)'로 번역합니다. 용서받았던 종은 빚을 받기 위해 찾아 나선 것을 알 수 있습니다. 게다가 목을 잡고 폭행까지 가한 것을 발견합니다. 28절에 기록된 '목을 잡고'란 '프니고(헬)'로서 '목을 졸라 죽이다, 질식시키다, 숨을 막다'로 번역합니다. 단순히 놓칠까 하여 목을 부여잡은 것이 아닙니다. 더 강력한 요구가 있던 것입니다. 다시 말해 임금에게 빚을 탕감받아 나와서 자신에게 빚진 자를 찾아 나서고 발견한 후에 목을 졸라 위협을 가하며 죽을 지경에 놓이게 한 것입니다. 자신이 용서받음을 잊은 채 자신에게 빚진 자를 찾아가 '해(害)'를 가한 것입니다. 빚진 동료인 종이 말합니다.

"나에게 참아 주소서. 갚으리이다."

이를 지켜보던 주변 동료들이 안타까워했습니다. 그래서 이 일을 임금에게 알립니다. 그 주인이 탕감해주었던 종을 다시 불러 말합니다.

"악한 종아 네가 빌기에 내가 네 빚을 전부 탕감하여 주었거늘 내가 너를 불쌍히 여김과 같이 너도 네 동료를 불쌍히 여김이 마땅하지 아니하냐"

그리고 주인은 노하여 그 빚을 다 갚으라고 명령합니다. 그리고 용서에 대해 예수님은 제자들에게 이렇게 이릅니다.

너희가 각각 마음으로부터 형제를 용서하지 아니하면
나의 하늘 아버지께서도 너희에게 이와 같이 하시리라

(마태복음 18:35)

예수님의 십자가로 구원받음에 대한 확신이 선다면 마음을 괴롭게 한 자를 용서하며 구원의 감격을 누리는 것이 영접의 기초가 되어야 합니다. 불같은 성격으로 자주 입에서 불을 뿜고 상처를 주는 말을 내뱉었다면 회개하고 변화되어야만 참된 신앙의 길을 걸을 수 있습니다. 불을 뿜는 분노를 하고 있다는 것은 구원의 삶이 아닌 상처 안에서 세상을 바라보는 삶에 노출된 것입니다. 그뿐만 아니라 예수님과 가까운 듯 행동하며 말하면서도 마음에 맺힌 것이 있고 제대로 된 용서가 없다면 믿음이 시작되지 못한 것입니다. 십자가를 믿는다면 자신이 용서받음을 깨닫고 하나님 안에서의 관계가 온전해져야 합니다. 그렇지 못하면 교만의 영에 붙잡힌 신자일 뿐입니다. 또한 예수님은 믿는다면서 물질과 관계되는 사역에만 욕심을 드러냅니다. 이 말을 더 정확히 쓴다면 이렇게 바꿉니다.

'예수님을 믿는 믿음을 갖고도 끊임없이 물질만을 추구하는 사역에 신경이 쓰이게 됩니다. 그 이유는 금전에 욕심을 갖습니다.'

이는 믿는 것이 아니라 아는 것입니다. 믿음의 삶은 예수님의 삶이고 십자가의 삶이고 성화의 사람입니다. 예수님을 알기만 하는 종교생활을 하는 목사나 성도가 참으로 많습니다. 육체적인 정욕을 위해서도 노출되어 있습니다. 세상의 관심을 놓지 않게 됩니다. 결혼하였음에도 마음이 위로받고 육체를 채우기 위해서 이성(異姓)을 찾아 헤맵니다. 순종이나 충성보다는 자신의 평강을 위해 늘 불평을 입에 달고 사는 사람들이 있습니다. 기도는 했는데 "왜 응답을 안 해 주시냐?"는 식으로 하나님을 위협하고 협박까지도 합니다. 더 정확히 말해 예수님을 영접한다고 말은 했지만 두 주인을 섬기게 되는 경우가 많게 됩니다. '분노인가?, 욕망인가? 용서인가?'에 대해 자리매김 해야 합니다.

이러한 문제의 해결은 자신 안에 있는 욕망의 영에 이용당하지 말아야 합니다. 욕망은 계속 비교하게 합니다. 비교는 분노를 만들고 불평을 만들고 실족하며 상처 안에 갇혀 버리게 됩니다. 끊임없는 불평과 원망의 대상으로 하나님을 만들고 모든 넋두리를 퍼붓습니다. 하나님의 존재는 이렇게 이용되는 존재가 아닙니다. 하나님은 만왕의 왕이시며 만물의 주인입니다. 하나님의 섭리로 우리 가운데 역사하심을 믿고 순종해야 합니다. 이것이 몸에 달라붙은 상처를 파괴하는 지름길이 됩니다.

예수님의 용서를 통해 다시 태어날 수 있다는 기쁨을 소유한 자가 구원의 감격을 소유합니다. 내가 어떤 상황에 있든지 예수님은 "나를 용서하셨구나!"라는 고백을 통해서 죄 사함이 시작됩니다. 게다가 용서의 바른 가치를 깨닫게 됩니다. 이것을 바르게 깨닫는 사람이 모든 것을 용서할 수 있고 상처도 사라집니다.

그런데 문제는 용서할 마음이 충분할지라도 성격이 불같아서 화가 먼저 앞지르는 일이 큰 문제입니다. 일단 소리를 지르고, "악" 소리를 내서 분위기를 잡는 일이 생깁니다. 그때마다 성질대로 악을 내뱉고 맙니다. 분노가 용서의 마음을 이기고 있다면 구원을 이루는 일에 날마다 지는 것입니다. 신앙으로 사는 것이 아니라 성질로 사는 사람입니다. 그런데 이러한 분노 속에서 정확히 구별해야 합니다. 과연 이 분노가 '누구를 위한 것이냐?'하는 질문입니다. 사람에게 잘 보이기 위해 조급함으로 만들어진 성격의 분노라면 하나님 앞에서 죄악이 되는 것입니다. 또 사람들이 이런 질문도 합니다.

"그 사람 도대체 이런 상황에 대해 아는 거야 모르는 거야?"

상황을 조절하고 바르게 고쳐야 할 위치에 있는 사람이 입 다물고 있다는 것은 그 사건에 동조하는 것입니다. 전혀 모를 리 없습니다. 그러므로 오히려 동조가 더 악한 짓입니다. '나는 깨끗하다.'라는 거짓이며 강한 자의 눈치를 보고 악에 휘둘림을 당하는 더 악한 행동입니다. 순진하고 순전한 것이 아닌 하나님의 정의를 무시하는 죄악입니다. 먼저 모든 면에서 자신을 용서할 수 있어야 하며 연약함을 고백함으로 하나님의 인도하심을 온전히 받아야 합니다. 예수님 안에서의 참된 기쁨을 누릴 수 있어야 합니다.

오래전의 이야기입니다. 시골 작은 마을의 교회에 열심을 지녔던 한 청년이 있었습니다. 교회 일에 열심 있던 이유로 담임했던 목사께서 목회를 권하시고 전도사의 길로 들어서게 됩니다. 자신의 상황을 생각하니 하나님께 감사해서 40일 금식기도를 하기로 했습니다. 하루, 이틀이 지날 때까지는 금식기도를 잘 해왔습니다. 그런데 3일째부터 배고픔이 몰려왔고 10일을 지나자 이러다가는 죽을지도 모르겠다는 생각이 들었습니다. 스스로 이런 질문을 했습니다.

"누가 금식을 시킨 것도 아니고 이러다가 죽으면 이게 자살인가? 순교인가?

하는 생각이 들었답니다. 그래서 10일 만에 밥을 조금 먹고 또 5일을 금식해 보다가 다시 밥 한 그릇 먹고 하면서 40일을 다 채웠답니다. 좀 우스운 이야기지만 하나님께 이렇게 기도했다고 합니다.

"하나님, 제가 40일 금식기도를 한다고는 했지만, 연속으로 한다고 이야기하지는 않습니다"

하면서 금식기도를 마쳤다고 합니다. 그렇게 시간이 지나서 목사 안수를 받고 몇 년이 흘러 이제는 자살이니 순교니 하는 것이 문제가 되지 않을 만큼의 개인적인 기도 제목이 생겼다고 합니다. 아내와 함께 금식기도원에 입소하여 40일 금식을 하기로 했습니다. 그렇게 하루, 이틀, 한 주, 두 주가 지났습니다. 다리가 휘청거리고 눈이 이리저리 돌아가 몸을 가누기 힘든 상황입니다. 그러나 이번에는 40일을 무난히 채워 나갔습니다. 드디어 40일 마지막 날 금식을 마치게 됩니다.

그런데 그때 주변에서 '장기 금식 자는 식당에서 무료로 죽을 준다.'라는 소문이 들려옵니다. 몸을 가누기 힘들었으나 기도원의 구내식당을 찾아갔습니다. 배식하는 곳에 서서 안에 계시는 봉사자에게 물었습니다.

"장기 금식 자에게 죽을 무료로 줍니까?"

배식을 위해 안에 계셨던 봉사자 집사님 한 분이 물어봅니다.

"장기 금식하셨어요?"

"네"

라고 대답하자 믿어지지 않는지 재차 묻습니다.

"진짜로 장기 금식하셨어요?"

"네, 장기 금식했습니다"

"언제부터 하셨는데요?"

하고 질문이 쏟아지는데 계속 빗발칩니다. 목사님은 배는 고프고 재차 묻는 말에 마음의 열이 올라왔습니다. 그래서 이렇게 봉사자 집사님께 큰소리로 반응하게 됩니다.

"아니 죽 한 그릇 주는데 뭐 그렇게 묻는 게 많습니까?"

그러자 식당 안에 계신 봉사자 집사님들이 서로 마주 보며

"어머! 저 혈기 봐, 혈기……"

하더랍니다.

그 소리를 듣고 얼마나 무안하던지 나가지도 못한 채 죽 한 그릇 겨우 받고 쥐 죽은 듯 식사를 마치고 식당 문을 나섰습니다. 그러면서 이런 생각이 들더랍니다.

'맞는 말이라고 해서 정답은 아니구나. 맞는 말이 혈기가 될 수 있구나! 금식하며 큰 것을 얻었다.'

누구나 상황이 맞지 않는 벽 앞에 서면 분노하거나 혈기를

부릴 때가 많습니다. 상황에 따라 성질을 내고 분을 낸다면 하나님의 말씀이 무슨 소용입니까? 이와 마찬가지로 용서하는 일도 같습니다. 십자가의 진리 안에서 하나님의 용서와 사랑을 경험하면 그리스도인 안에 용서와 사랑이 자리 잡아야 합니다. 일의 순서나 상황 정리에 앞서서 그리스도인의 성품으로 반응해야 합니다. 이것이 십자가이고 우리를 살리신 예수님의 마음입니다.

> 그 형제를 미워하는 자마다 살인하는 자니 살인하는 자마다 영생이 그 속에 거하지 아니하는 것을 너희가 아는 바라 (요한1서 3:15)

성경 안에는 참으로 두려운 말씀이 있습니다. 이처럼 형제를 용서하고 사랑하는 일의 시작이 구원 안으로 들어가는 길이며 상처 치유의 길입니다. 십자가를 믿으면서도 용서하는 일이 없다면 십자가에 연결된 구원은 무용지물입니다. 십자가의 은혜를 맛보기 원한다면 용서하는 마음을 기도하며 신앙의 기준으로 삼을 수 있어야 합니다. 용서가 예배의 시작이고 신앙의 시작입니다.

6. 상처 유지가 아니라 용서

용서가 바탕이 되면 진정한 회개가 일어납니다. 예수님께 용서받음을 시인하며 자신도 용서할 수 있는 사람으로 변신하는 것입니다. 도저히 용서할 수 없는 상황은 없습니다. 회개를 통하여 나타나는 현상은

첫째, 말씀이 갈급하게 됩니다. 세상의 고난과 아픔과 역경을 이길 힘이 말씀임을 깨닫게 됩니다. 회개는 어디서부터 무엇으로 시작해야 하는지 궁금함을 갖게 됩니다. 진정으로 회개하지 않는다면 말씀을 원하지 않습니다. 회개는 자신이 그렸던 길을 지우고 새로운 길로 나아가기 위한 단계이기 때문에 말씀을 통해 길을 찾아야 합니다. 하나님께 매달리며 하나님의 길로 나아가기 위해 말씀이 갈급해집니다. 말씀을 듣고, 읽고, 묵상하면서 진리의 길을 발견하려고 합니다. 말씀과 가까이 서있다면 회개와도 가까운 것입니다. 성경은 읽는 것은 단순한 신학 공부를 벗어나 말씀대로 살고자 하는 마음으로 읽는 것입니다.

기독교의 출발을 예수님과의 만남에서 출발하지 않는 사람

들이 대부분의 사례입니다. 이런 모습이 아니었을까요? 다급하
게 기도 제목을 들고 교회를 찾아가서 어려움의 일이 해소되
기를 기대합니다. 복을 빌다가 문제가 해결되면 예수님을 알아
가기도 합니다. 하지만 예수님의 길을 인정하지는 않습니다.
또는 예수님을 인정하며 높은 수준 평가는 하지만 믿지 않는
일이 생깁니다. 십자가를 깨닫는 것은 바랄 수도 없습니다. 삶
과 신앙을 전혀 상관없이 분리하기도 합니다. 단순히 예수님
을 능력자이거나 문제 해결자로서 마주할 때가 많습니다. 그
리고 어려워지면 다시 찾아옵니다. 이런 상황들이 반복되면
어쩔 수 없이 교회로 발길을 돌려 하나님을 필요로 하는 일에
가까워지게 됩니다. 그러나 이런 방법이 아니라 회개로 시작
되는 일은 내가 죄인임을 인식하는 것입니다. 상황의 해결과
는 상관없이 죄인임을 고백하며 예수님을 삶의 주인으로 시인
하고 참된 신앙의 길로 들어오게 되는 것입니다. 회개는 하나
님나라로 나아가는 길입니다. 예수님과 세례요한의 첫 선포이
기도 합니다.

> 이 때부터 예수께서 비로소 전파하여 이르시되 회개하
> 라 천국이 가까이 왔느니라 하시더라 (마태복음 4:17)

둘째, 낮아짐을 깨닫게 됩니다. 무능(無能)이 아니라 낮아짐

을 통해 주어진 일을 잘 이룰 뿐 아니라 하고자 하는 일을 잘 펼쳐갑니다. 회개가 마음에 있기에 언제나 하나님께 맡기고 순종하며 겸손함이 유지됩니다. 하지만 겉모습만 회개가 존재할 때는 생각이나 삶이 변하지 않습니다. 회개한다면 예수님만을 필요로 하게 됩니다. 행복의 기준도 예수님과의 거리가 됩니다. 내가 할 수 없다는 것을 깨닫기 때문에 예수님을 의지합니다. 그래서 낮아질 수밖에 없습니다. 내가 낮아짐으로 다른 사람의 모습을 수용하며 오른뺨 내어주기가 쉽고 10리를 함께 걸어가는 결단이 쉽습니다. 그러나 높은 자리가 습관이 된 사람은 예수님만을 의지하는 듯 입술은 쉬지 않지만, 삶의 자리로 들어갈 때는 마음 안에 교만의 뿌리가 남아있는 것을 보게 됩니다. 그 높은 자리는 내 자리가 아니라 예수님의 자리임을 고백할 때 용서와 사랑의 마음으로 천국 소망의 성품을 지니게 됩니다. 목회자나 직분자에게 있는 고질병이기도 합니다. 내려오지 못하고 교만을 벗지 못하는 자리에서 자신의 자리는 두려움으로 섬김의 자리임을 기억해야 합니다. 그 높은 자리는 천국으로 가는 자리가 아니라 지옥으로 달려가는 자리임을 명심해야 합니다.

회개와 겸손은 예배를 삶에 치유와 권능을 부어 주십니다. 삶의 순서 맨 앞자리에 항상 예수님이 계시고 차선(次善)의 자리에도 항상 예배함이 자리 잡습니다. 자신의 위로함을 탐욕(특히 식욕, 성욕, 물욕, 명예욕, 권력욕 등등의 욕구)에서 찾으려 한다면 예배를 잃어버리고 계속된 상처로 살아갈 뿐 아니라 실패의 연속에서 자신만 아는 교만으로 살게 됩니다.

본사는 서울에 있고 공장 몇 곳이 지방에 있는 중견사업체를 운영하시는 장로님이 계십니다. 그룹 안에서의 직함 명칭은 회장이며 실버타운의 이사장이기도 합니다. 젊은 시절 호기롭게 사업을 확장했으며 아버지로부터 물려받았지만 넉넉하지 않았던 실버타운까지 운영하셨습니다. 2014년, 송구영신예배에 참석했다가 눈물 쏟는 회개와 더불어 성령체험을 경험했습니다. 말씀과 기도와 성령의 참된 의미를 깨달으며 새로운 신앙생활이 시작되었습니다. 중요한 것은 회개와 성령체험으로 예배의 중요성을 깨닫게 되셨습니다. 매년 치르던 회사의 '창립기념식'을 '창립기념 감사예배'로 바꾸고 전체 직원이 예배하며 감사했습니다.

온전한 신앙은 예배를 맨 앞에 두게 됩니다. 이것이 회개의 참된 증거이며 온전한 신앙입니다. 스스로 "나는 아무것도 아니다."라는 고백이 나올 수밖에 없습니다. 낮아지고 겸손해질 수밖에 없습니다. 예수님 앞에서 참된 용서가 만든 힘이며 말씀을 읽어감으로 찾아오는 능력이 됩니다.

신앙생활의 가장 큰 문제는 신앙이 익숙해지면서 회개를 멀리 두게 됩니다. 또 회개를 기도 영역에 두고 '회개기도'라는 단어를 만들어 냅니다. 성경에 그 누구도 '회개기도'를 하라고 말한 곳이 없습니다. 회개는 기도의 영역에서 벗어난 별개의 영역입니다. 회개란 '말'로 시작되는 것이 아니라 '삶'의 시작이 회개이기 때문입니다. 삶이 바뀌어야 거듭남을 통하여 온전히 회개가 되는 것입니다. "회개기도 합시다."라는 인도는 잘못된 인도입니다. 입으로 "영적인 이야기를 한다."라고 한들 삶이 교만과 판단과 독선으로 가득한 상황이라면 천국이 아니라 사단의 세계가 기다리고 있음을 두려워해야 합니다. 또 회개 보다 세상의 지식과 명예를 더욱 중요하게 느낀다는 것입니다. 교회이든지, 직장이든지, 사역팀이든지 어떤 단체에 있든지 손아귀에 두려는 작전을 펼칩니다. 그러니 점점 높아질 수밖에 없습니다. 목소리가 커질 수밖에 없습니다. 이러니

　"세상과 교회가 별반 다르지 않다"

는 이야기도 종종 듣게 합니다. 세상에서는 이렇게 말합니다.

　"목소리 큰 사람이 이긴다."

　교회에 이런 문장이 '적용'되면 망해야 하는데 그렇지 않습니다. 이런 사람들이 득세하며 잘 나아가는 것은 교회 안의 리더십에게 하나님 나라의 사모함이 사라지거나 말로만 드러내

기 때문입니다. 이런 경우 예수님이 증거 되지 않습니다. 사역은 활발할지는 모르나 하나님의 영광과는 전혀 상관없게 됩니다. 하나님도 이사야를 통해 이런 점을 지적하십니다.

너희가 내 앞에 보이러 오니 이것을 누가 너희에게 요구하였느냐 내 마당만 밟을 뿐이니라 헛된 제물을 다시 가져오지 말라 분향은 내가 가증히 여기는 바요 월삭과 안식일과 대회로 모이는 것도 그러하니 성회와 아울러 악을 행하는 것을 내가 견디지 못하겠노라

(이사야 1:12~13)

교회는 회개가 대표되기 때문에 잠잠한 자나 순종하는 자가 앞서야 하며 높여져야 합니다. 날마다 회개하며 욥처럼 아침, 저녁으로 하나님 앞에 예배하는 신앙이 필요합니다.

그들이 차례대로 잔치를 끝내면 욥이 그들을 불러다가 성결하게 하되 아침에 일어나서 그들의 명수대로 번제를 드렸으니 이는 욥이 말하기를 혹시 내 아들들이 죄를 범하여 마음으로 하나님을 욕되게 하였을까 함이라 욥의 행위가 항상 이러하였더라 (욥기 1:5)

회개를 통하여 나타나는 현상의 셋째는 하나님을 만나는 시

작점이 됩니다. 회개가 없다면 예수님과 접촉하지 못합니다. 알지만 인격적으로 만나지 못하는 것입니다. 그러나 회개는 십자가와 부활이 실제처럼 보입니다. 회개가 마음속 깊이 올라와 기도한 사람들의 공통점은 눈물, 콧물을 한 바가지 그 이상을 쏟는다는 것입니다. 故하용조 목사님께서 이렇게 말한 적이 있습니다. CGNTV 모 프로그램의 게스트로 출연하시어 인격적으로 하나님을 만나시며 회개했다고 소개하시면서

"저는 사람에게 콧물이 그렇게 많은 줄 몰랐어요."

회개해야 하나님을 온전히 인정하고 하나님과 만남을 갖게 됩니다. 회개는 인생을 바꾸는 기회이며 능력입니다. 한 번만, 즉 1회성으로 회개하는 것이 아닙니다. 날마다, 매 순간 회개하며 아침, 저녁 예배하며 회개하는 것입니다.

진정한 회개가 시작되면 일어나는 첫 번째 사건은 '영혼 사랑'입니다. 하나님의 사랑이 느껴지며 사랑을 순수하며 열정적으로 전하는 사람이 됩니다. '예스맨'이기 때문이거나 성실만으로 믿음을 갖지 말고 회개함으로 믿어야 합니다. 회개가 없다면 그것은 '교회주식회사'에 다니는 것과 다를 바 없습니다. 이런 점에서 소위 대형교회에서 사역하는 목회자들이 주의할 점입니다. '사역을 하는 것인지?', '회사를 다니는 것인지?' 분명하게 구별하지 못한다면 '목사'아니라 세상 사람들이 꾸짖는

'먹사'로 끝날 위험이 큽니다. 온전한 회개가 만들어 낸 욥의 고백이 그래서 마음에 남습니다.

> 내가 주께 대하여 귀로 듣기만 하였사오나 이제는 눈으로 주를 뵈옵나이다 (욥기 42:5)

II

상처를 향하여
서지 않는 사람들

1. 상처를 이기는 성경 인물

  상처는 반드시 흔적을 남깁니다. 더구나 상처로 인하여 성격이 형성됩니다. 성격은 잠시 바꿀 수 있지만 상처가 치유되지 않으면 다시 원래 상태로 돌아갑니다. 왜냐 하면 바꾸는 것보다 유지가 편하기 때문입니다. 그러므로 상처는 성격에 지대한 영향을 줍니다. 상처의 시작은 태아 때부터 시작됩니다. 그리고 출생하며 확장됩니다. 가정환경에 따라 상처는 자신의 성격으로 굳어집니다. 때로는 형제간에 몇 번째로 태어났으며 형제와 자매 구성이 어떻게 되느냐에 따라 성격이 각기 달리 형성됩니다. 성별에 상관없이 첫 번째 자녀의 경우에는 우유부단한 경우가 많습니다. 하지만 책임감이 강한 성격이 있습니다. 반면 두 번째 자녀의 경우에는 고집 센 이기주의 성향이 있으나 결정이 강하고 무엇이든지 해내는 자신감 있는 성격입니다. 그러나 공통적인 것은 자신에게 형성된 성격에 만족하지 못한다는 것입니다. 그래서 상처를 부둥켜안은 채 꿈이 성공되느냐 못하느냐에 따라 인생의 성공과 실패를 좌우하기도 합니다. 그 삶을 자신이 이루는 것이 아닌 환경에 끌려갑니다.

형제와 자매가 결혼하여 하나의 가정을 만들어가며 감사하게도 아이를 출산합니다. 그러나 준비 안 된 부모이기 때문에 대부분이 첫 아이를 키우는데 부족했다고 말합니다. 이러한 부족은 상처로 흘러갑니다. 아이가 자신감 없이 성장하거나 또는 무질서하며 방탕하게 자라기도 합니다. 부모는 충분하다고 하지만 아이는 사랑의 부족함을 느끼고 바르지 못하게 성장합니다. 이런 점에서 이기주의나 열등감이 되기도 하고 자존감이 낮은 아이가 되기도 하고 불안하며 눈치 보는 아이로 자라기도 합니다. 지속적인 사랑을 갈구합니다. 이런 점이 성인 아이(Adult children)의 출발입니다.

성경 속에도 많은 인물도 상처를 받으며 태어나고 상처를 받으며 자랍니다. 그런데 하나님 안에서 부름과 사명이 충만한 성경 인물들의 공통점은 그들의 상처가 성격 형성이나 기질을 나타내는 곳에 전혀 영향을 주지 못했다는 점입니다. 또 하나의 공통점이 있다면 하나님의 시선이 머문 곳에 성경 인물의 시선도 함께 머문다는 것입니다. 그렇지 못한 경우에는 버림받게 되고 자신의 것을 추구하다가 결국 실패로 끝나는 모습을 봅니다.

이스라엘의 초대왕 사울의 실패

사울은 이스라엘의 첫 번째 왕이 된 사람입니다. 그러다 보니 하나님께 질문거리가 생깁니다.

"하나님, 어떻게 사울을 왕으로 세우십니까?"

하지만 문제는 하나님께 있는 것이 아닙니다. 사울에게 문제가 있습니다. 우리의 흔한 실수 중 하나는 하나님께서 모든 것을 주관하신다고 하니 일의 잘못을 하나님께 돌립니다. 그러나 하나님의 성품은 이해 못 할 만큼 인내가 강하신 분입니다. 그렇기 때문에 사울도 왕으로 세움 받을 수 있는 것입니다. 만일 우리의 이론대로 "왜?"라는 질문을 하기 원한다면 '내가 현재 존재하는 것부터 이해할 수 없는 것'입니다. 원칙은 있으나 사랑이 메말랐고 연약한 듯 보이나 갖은 술수를 통해 원하는 것을 이루고 욕심이 없다고 하면서도 이름 내기 위해 온갖 방법을 동원하는 인본주의 세상이 되었습니다. 하나님을 주목하던 시간에서 자신의 내면을 주목하기 시작하면 상황은 급변하게 됩니다. 의무보다는 편리가 앞서고 세상과 동일 방식으로 일하게 됩니다. 그럼에도 불구하고 하나님은 인내하심으로 용서하고 계십니다. 한 가지 기억할 일은 당장 판결이 이루어지지 않아서 그렇지 성경의 말씀이 민법이나 형사법보다 더 무섭고 한 수 위이며 차원이 다르다는 인식을 반드시 해야 합니다.

사울 역시 하나님을 의지하던 소년에서 왕이라는 신분으로 변화되면서 주변 사람들의 눈을 의식합니다. 당시에 세워진 왕은 인기를 얻는 자리가 아니라 하나님께 쓰임 받는 자리라는 것을 기억했어야 했습니다. 당시의 왕은 선지자를 통해 하나님의 명령이 임하면 기름 부음을 받고 그 명령을 수행하는 자리이며 순종함으로써 하나님께 영광을 드리는 자리였습니다. 하나님을 따르던 자리에서 하나님은 사라지고 자신의 인기와 명예가 등장하는 순간 눈과 귀는 닫히게 되어있습니다. 환경이 보입니다. 주변에 귀를 즐겁게 해주는 사람들이 보입니다. 질투와 시기심이 극대화됩니다. 그로 인해 보여야 할 하나님의 임재는 환경과 사람에게 가리어집니다. 이것이 자리의 위험이기도 합니다. 질문도 대화도 소통도 사라집니다. 권력은 무서운 것입니다. 이런 식으로 사는 경영인이나 목회자들도 있습니다. 자리에 앉아 세상적 권력을 휘두르는 것에 관심이 있지 정작 하나님의 사람으로 사는 것에는 흉내만 내고 거룩한 척하며 존경받기 원하는 사람을 본 적이 있을 것입니다. 악한 일입니다.

사울은 소년 시절 하나님을 주목했던 자입니다. 그러던 사울에게 환경이 보이기 시작합니다. 하면 안 되는 제사를 주관합니다. 그리고 사무엘에게 이렇게 자신의 입장을 주장합니다.

사무엘이 이르되 왕이 행하신 것이 무엇이냐 하니 사울
이 이르되 백성은 내게서 흩어지고 당신은 정한 날 안
에 오지 아니하고 블레셋 사람은 믹마스에 모였음을 내
가 보았으므로 이에 내가 이르기를 블레셋 사람들이 나
를 치러 길갈로 내려오겠거늘 내가 여호와께 은혜를 간
구하지 못하였다 하고 부득이하여 번제를 드렸나이다
하니라 (사무엘상 13:11,12)

사울의 대답은 세 가지로 정리할 수 있습니다.

첫째, 전쟁해야 할 백성들이 내게서 흩어집니다. 전쟁해야
할 전투병들의 숫자가 줄어드는 걱정이 되었습니다.

둘째, 사무엘! 당신이 정한 날, 정한 시간에 도착하지 않았잖
습니까? 저는 시간을 중요하게 여깁니다. 내 잘못이 아니라 시
간을 어긴 것은 당신입니다.

셋째, 적군들의 동향을 보니 지금 당장 밀고 내려올 상황이
었습니다. 그들이 쳐들어오면 하나님께 은혜를 간구하지 못
했으니 제사할 여유가 없기 전에 제가 미리 제사를 치른 것입
니다.

결국 이 세 가지의 이유로 '부득이'함이 만들어지고 어쩔
수 없이 하게 됨에 동의하게 됩니다. 이론적으로 따진다면 한
명, 두 명씩 사울 편으로 서는 사람들이 많아질 것입니다.

사울이 제사를 집행할 수밖에 없는 이유는 전쟁에 참가할 병사들의 숫자가 점점 줄어듭니다. 당신은 시간을 지키지도 않고 당신이 올지 안 올지 알 수 없었습니다. 게다가 적들은 지금 당장 밀고 내려올 기세입니다. 하지만 제사는 사울이 집행하는 것이 율법에 맞지 않습니다. 성경은 상황에 대한 이해를 우리에게 요구한 적이 없습니다. 환경이나 사건을 이해하고 이해가 가능한 부분으로 살아가도록 말하지 않았습니다. 성경은 하나님의 주권을 말합니다. 하나님이 하신다는 것입니다. 삶에서 하나님의 주권을 놓치고 사는 부분이 많습니다. 한 곳에 오래 머물렀다고 하나님께서

"그곳은 네 소유다."

라고 절대 말씀하지 않으십니다. 끊임없이 하나님의 땅을 간구하게 하십니다. 합리적인 이유가 하나님의 주권과 멀어질 수 있습니다. 그러나 합리적인 이유는 인간의 편리와 상황을 극복해 보려는 인간의 생각입니다. 성경은 우리를 거룩의 사람으로 변화시키고 에덴의 모습을 회복하려는 것입니다. 거룩이란 세상과 구별된 삶입니다. 구별된 마음으로 사는 것이 거룩입니다.

사울은 이미 승전되는 전쟁으로 교만해져 있었습니다. 성경이 이를 증거 합니다. 하나님의 음성인지 내 마음의 상처인지

분명히 구별하는 신앙의 능력을 소유해야 합니다.

사무엘이 사울을 만나려고 아침에 일찍이 일어났더니
어떤 사람이 사무엘에게 말하여 이르되 사울이 갈멜에
이르러 자기를 위하여 기념비를 세우고 발길을 돌려 길
갈로 내려갔다 하는지라 (사무엘상 15:12)

어느 순간부터 하나님은 사라지고 자신이 등장하는 것입니다. 자신은 맞고 주변 상황은 '틀리다'는 것입니다. 아마 엎드려 기도했다면 어떤 일이 벌어졌을까요? 하나님께 시선을 두면 어떠했을까요? 하나님의 말씀 앞에 앉아 하나님을 묵상하며 하나님을 기다렸다면 어떤 일이 벌어졌을까요? 앞선 질문은 지금 이 시대를 사는 자신에게 충분히 할 수 있는 질문일 것입니다.

권사 임직식을 앞두고 어느 안수집사님으로 부터 날아온 문자 내용입니다.

"목사님~~~ 평강 하시죠? 저 이제 임직식을 앞두고 기쁨도 즐거움도 전혀 없습니다. 오히려 회의를 느낍니다. 하나님 앞에선 집사도 권사도 의미가 없는데 사람들이 만들어 놓은 좀 세상적인 임직을 꼭 받아야 하는 이유는 무엇일까? 목사님은 어떻게 생각하시는지요...... 어떤 말씀이라도 듣고 싶은 심정입니다~ㅜㅜ 로마에선 로마법을 따른다는 마음으로 시작했는데…… 결국은 사람들이 서로에게 인정받으려고 하는 것이라는 생각이…… 세상이 만든 자격증과 같은 생각이 듭니다~~ㅜㅜ"

이후 집사님께 답변을 드렸습니다.

"사명입니다. 권사 직분은 기도의 사명자입니다. 안수집사 때 보다 더한 의무감으로 하나님 나라와 교회와 이웃을 위해 기도의 본이 되는 것입니다. 권사의 직분이 사람이 만든 것이 아니라 하나님께서 사람들을 통해 만들어졌던 것인데 직분을 제대로 감당치 못한 사람들 때문에 직분의 소중함이 사라진 것입니다. 권사의 직분은 기쁨으로 기도의 사명자가 되는 것입니다.

장로는 삶으로 말씀을 증거 하는 직분이며, 목사는 말씀을 삶으로 증거할 뿐 아니라 신학적으로 선포하는 직분입니다. 권사는 교회를 섬기고 교회가 교회 되는 일에 기도를 통해 본을 보이는 것입니다.

감사함으로 직분을 감당하시길 기도하겠습니다. 직분에 대한 평가 역시 사람의 일이 됩니다. 하나님께서 때에 맞게 주신 직분을 하나님께 감사하는 마음으로 받으시길 축복합니다. 그리고 더욱 기도의 사명을 다하는 능력의 사명자가 되셔서 생명을 회복하는 일에 쓰임 받으시길 축복합니다."

이 문자를 보시고 답변을 보내셨습니다.

"목사님 말씀처럼 본이 되고 존경하고픈 안수집사와 권사를 경험하지 못해서……

직분이 있는 자와 없는 자가 비슷한 삶을 사는 모습을 보며 제 마음이 힘든 것이었군요. 마치 교회 밖에 있는 사람들이 교회 다니는 사람도 우리와 다른 것이 없다고 말하는 것처럼.

그러나 세상 사람들이 모르는 다른 것이 있지요. 우리는 하나님 나라 안에서, 하나님의 다스림을 받는 자로서 눈물겨운 예수의 사랑이 있습니다. 우리의 모습이 본이 되지 않을지라도.

결론은 제 안에 판단의 죄성이 고개를 들고 있었습니다. 주님의 인도하심 안에서 제가 가야 할 길을 가면 되는 것이군요. 하나님 나라와 하나님께 속한 것은 의와 화평과 기쁨, 내 모습을 알아차리는 기준이 되는 것임을 깨닫게 하십니다. 감사로 주님께 나아갑니다. 주님을 찬양합니다. 아멘~~~!!"

우리의 판단 기준은 세상적으로 준비해야 할 환경일 수밖에 없습니다. 그렇지만 환경의 물결이 몰려와도 하나님을 의지할 준비가 되었다면 하나님이 책임져 주십니다.

2020년 초기부터 팬데믹이 세상을 밀어붙이고 있습니다. 정상적이지 못한 생활여건 탓에 혼돈의 시기입니다. 모든 것이 정상일 수 없는 이때, 예배 앞으로 나아와야 합니다. 현실적으로 교회가 문을 닫고 있으나 마음의 영적 예배당은 활짝 문을 열고 있습니다. 다음 세대에도 이와 같은 신앙을 보여주어야 합니다. 그렇게 예배의 문을 스스로 열어야 합니다.

사울의 문제는 열등감의 문제였습니다. 순종이 중요한 것이 아니라 하나님께 '어떻게 보여질까?' 염두해 둡니다. '무엇을 갖다 바칠까?'하는 인간의 방식처럼 드려지는 것이 있어야 신(神)도 좋아할 것이라는 우둔한 착각이 불순종을 부릅니다. '어떻게 하면 잘 보일까?' 하는 열등의식이 결국 왕의 자리를 내려오게 합니다. 사울이 열등감이 많은 것은 다윗과의 소통에서 볼 수 있습니다. 부하가 전쟁에서 승리하고 왔습니다. 그러나 사울은 그 전쟁의 승리를 이스라엘의 승리로 본 것이 아닙니다. 그의 눈은 다윗에게 있습니다. 언제인가부터 시선에서 하나님이 사라졌습니다. 시선에 혼동을 일으키자 그 전쟁을 다윗의 승리로만 여깁니다. 열등감이 극에 달한 것입니다. 격려하고 위로가 아니라 열등감의 표현인 시기와 질투로 변한 것입니다. 성경은 시기 질투를 죄로 여깁니다.

> 곧 모든 불의, 추악, 탐욕, 악의가 가득한 자요 시기, 살인, 분쟁, 사기, 악독이 가득한 자요 수군수군하는 자요

비방하는 자요 하나님께서 미워하시는 자요 능욕하는
자요 교만한 자요 자랑하는 자요 악을 도모하는 자요
부모를 거역하는 자요 우매한 자요 배약하는 자요 무정
한 자요 무자비한 자라 그들이 이 같은 일을 행하는 자
는 사형에 해당한다고 하나님께서 정하심을 알고도 자
기들만 행할 뿐 아니라 또한 그런 일을 행하는 자들을
옳다 하느니라 (로마서 1:29~32)

사울의 시기와 질투를 성경은 기록합니다.

사울이 그 말에 불쾌하여 심히 노하여 이르되 다윗에게
는 만만을 돌리고 내게는 천천만 돌리니 그가 더 얻을
것이 나라 말고 무엇이냐 하고 (사무엘상 18:8)

전쟁에서 승리하고 돌아온 부하인 다윗을 시기하기 시작합
니다. 본성이 드러나는 것입니다. 이 마음은 어떤 마음일까요?
성경에 기록된 사람을 만날 수 있습니다. 동생 아벨을 죽인 가
인, 가인의 족보 속에 라멕이 등장합니다. 라멕은 이렇게 말합
니다.

내게 상처를 입힌 남자를 내가 죽였다. 나를 상하게 한
젊은이를 내가 죽였다. (창세기 14:23b)

상처 입은 분노를 참지 못하고 살인을 저지른 것입니다. 상처 입은 한 사람의 모습입니다. 악한 본성이 드러날 수밖에 없습니다. 나이가 들어가면서 사라지는 것도 아닙니다. 숨겨졌던 본성이 육체가 약해짐에 의해 점점 드러나게 되어있습니다. 성경에서 말하는 고집은 물론이며 시기와 의심이 점점 자라납니다. 자신의 위치가 항상 높다고 생각하는 경우에는 더욱 이기심이 강해집니다.

실버타운에서 교회를 섬기고 있을 때 80세가 넘으신 어느 장로님이 계셨습니다. 장로님의 전직(前職)은 초등학교 교장이셨습니다. 어려운 시절 산골이며 객지에서 보내시며 자신도 모르게 교장이라는 위치가 몸에 익숙해지셨나 봅니다. 은퇴한 지 20년이 넘었음에도 불구하고 교회를 관리하는데 조금의 양보도 없었습니다. 조명 및 기기 관리를 담당하셨던 권사님이 형광등을 켜고 끄는 것조차 장로님께 허락을 받으셔야 한다고 불평한 적이 있었습니다. 지금은 안타깝게 소천하셨지만 정직함을 넘어 강한 의가 소통의 문제를 일으킬 때가 많습니다. 하나님이 원하시는 것은 함께 잘 되는 것이지 홀로 대우받고 높아지고 복 받는 것이 아닙니다. 그런데 착각 속에서 우리의 삶 속에도 자리가 높아질수록 완장 차고 대장 노릇하는 것이 당연하듯이 행동할 때가 종종 있습니다.

반면 90세 초반의 장로님이 계셨습니다. 장로님은 중년의 나이에 가족들과 미국으로 이민을 가셨다가 노년에 돌아오신 분입니다. 장로님의 말씀에 깜짝 놀라며 한 수 배운 기억이 있습니다. 실버타운의 문제는 항상 식사입니다. 하나의 반찬을 놓고도 각자의 입맛대로 "짜다.", "맵다.", "싱겁다." 등의 소견이 있어 항상 골머리를 앓습니다. 그런데 장로님께서

"이곳의 식사는 밥으로 알고 먹으면 안 됩니다. 영양조리사가 우리에게 딱 맞게 칼로리와 건강을 계산해서 만들기 때문에 약으로 알고 먹어야 합니다. 그래서 남겨서도 안 됩니다."라고 말씀하시는 것입니다. '자신의 삶이 성격을 만든다'는 원리가 '맞다'는 생각을 하게 되는 순간이었습니다.

하나님의 명령으로 기름부음을 받은 사울도 자신의 연약함은 잊은 채 왕의 위치가 그를 망가뜨렸습니다. 요즘도 담임목사들의 위치가 교회를 망가뜨리고 신학을 망가뜨리는 경우가 많습니다. 지닌 상처가 자신의 시기와 질투를 드러내고 타인과 불통(不通)되는 결과를 만든 것입니다. 사울이 낮은 위치임을 잊지 않았다면 다윗을 축복하고 격려하면서 하나님의 복을 함께 누리는 더 큰 왕으로 쓰임 받았을 것입니다.

현재를 사는 우리도 항상 깨달아야 합니다. 위기가 사람을 만들고 상황을 정리하는 것이 아니라 그 사람의 성품과 인격

이 환경을 만들어 갑니다. 혼자 사는 것이 아니라 함께 사는 것이라는 것을 잊지 말아야 합니다. "승리하느냐?, 패하느냐?" 는 결국 시간이 잠시 걸리겠지만 현재 자신의 성품으로 그 삶의 결말을 예측할 수 있습니다. 현실에서 혼자 "잘 살았다." 하더라도 하나님은 천국 에서 "모른다." 할 것이 분명하기 때문입니다. 그러므로 자신을 보지 말고 하나님께 주목하는 습관을 배워야 합니다. 반드시 하나님은 하나님을 주목하는 자를 높이 세우시고 완전하게 하십니다.

> 누구든지 스스로 경건하다 생각하며 자기 혀를 재갈 물리지 아니하고 자기 마음을 속이면 이 사람의 경건은 헛것이라 (야고보서 1:26)

질투가 가득했던 사울이 삶은 어떤 결론을 내립니까?

> 그 날 후로 사울이 다윗을 주목하였더라 (사무엘상 18:9)

말씀에 의하면 사울의 눈은 다윗을 주목합니다. 하나님을 주목해야 할 눈이 먹잇감을 찾듯이 다윗을 주목한 것입니다. 쉽게 풀어쓴다면 '사울은 질투와 적의(敵意)의 눈으로 다윗을 보았습니다.'라고 해석할 수 있습니다. 왜 다윗을 주목했습니까? 그 답은 그리 어렵지 않은 답입니다. 어쩌면 지금 자신에게도 이런 일이 생길 수 있습니다. '나의 시선은 어디에 질투하고 있을까?' 고민되는 현실입니다. 그러나 하나님을 믿으니 지금의 자리에서 하나님의 능력되심을 경험합니다.

무시(無視)함 받고 살았던 다윗의 무시(無視)함

다윗의 이야기를 꺼내자면 먼저 골리앗이 떠오릅니다. 골리앗과의 전쟁은 다윗의 시작을 알리는 중요한 전쟁이기도 하며 이길 수 없는 상황을 반전시킨 이야기입니다. 그래서 다윗을 보면서 극한 상황과 넘을 수 없는 어려운 고비에 대해 위로를 받고 힘을 얻으며 새롭게 시작하면서 만군의 여호와 하나님을 찾는 기회가 됩니다. 하지만 그 자리에 서기까지 다윗에게 얼마나 큰 짐이 있었는지 살펴보아야 합니다. 하마터면 골리앗과의 결투는 성경에 기록되지 않을 뻔했습니다. 독자들은 골리앗과의 전투 장면에 몰입하다 보니 전쟁을 준비하는 다윗의 과정에 대해 간과할 때가 많습니다. 그 과정은 이렇게 전개가 됩니다.

> 사울과 이스라엘 사람들이 모여서 엘라 골짜기에 진 치고 블레셋 사람들을 대하여 전열을 벌였으니
>
> (사무엘상 17:2)

사울 왕과 이스라엘 사람들은 엘라 골짜기에서 블레셋과 전쟁을 준비하고 있었습니다. 블레셋에는 키가 여섯 규빗 한 뼘(삼상 17:3)이나 되는 장군이 있었습니다. 한 규빗이 보통 45 cm를 나타내므로 6규빗은 2 M 70 cm 정도로 계산됩니다. 게다가 한 뼘이 더 있다고 성경은 기록(삼상 17:2)하므로 골리앗의 키가 약 2 M 90 cm에서 3 M 정도는 되었을 것입니다. 일반 병사들보다 상체 하나가 더 있으니 얼마나 두렵고 무서운 외모였을지 짐작됩니다. 또한 사울 왕의 말을 빌리면 골리앗은 어려서부터 장수로 선발되어 훈련받은 외모이나 그 얼굴에도 강직함과 자신감이 드러났을 것입니다.

> 사울이 다윗에게 이르되 네가 가서 저 블레셋 사람과 싸울 수 없으리니 너는 소년이요 그는 어려서부터 용사임이니라 (사무엘상 17:33)

이렇게 전쟁이 진행되고 있는 동안 이새의 집에서는 또 다른 일이 시작됩니다. 아마도 드라마를 촬영한다면 급박하며 분주한 전쟁터를 비추었던 카메라는 전쟁터로 세 아들을 보내고 베들레헴 집에 있는 이새를 비추고 있을 것입니다. 이새는 세 아들, 엘리압과 아비나답과 삼마를 떠올리며 근심하는 얼굴로 먼 산을 바라보는 장면이 잡힐 것입니다.

그 장성한 세 아들은 사울을 따라 싸움에 나갔으니 싸
움에 나간 세 아들의 이름은 장자 엘리압이요 그 다음
은 아비나답이요 셋째는 삼마며 (사무엘상 17:3)

이새가 여덟 아들 중의 막내였던 다윗을 부릅니다.

"다윗, 다윗, 어디에 있느냐?

"예, 아버지 부르셨어요? 양들을 재우려고 준비 중이었습니
다."

"다윗, 그 일이 급한 것이 아니라 전쟁에 나가 있는 형들이
잘 지내는지 보고 와야겠다. 영 마음이 놓이지 않는구나."

"예, 알겠습니다. 내일 해가 밝는 대로 출발하겠습니다."

"지금 네 형들을 위하여 이 볶은 곡식 한 에바와 이 떡
열 덩이를 가지고 진영으로 속히 가서 네 형들에게 주
고 이 치즈 열 덩이는 가져다가 그들의 천부장에게 주
고 네 형들의 안부를 살피고 증표를 가져오너라."

(사무엘상 17:17,18)

다윗은 다음날 일찍 일어나 양치는 이들에게 양을 맡겨 놓
고 엘라 골짜기로 향합니다. 카메라의 초점이 다윗과 다툴 골
리앗의 얼굴을 비춥니다. 수줍지만 무엇이든 해낼 듯한 다윗의

얼굴과 강직하고 자신감 넘치며 전사다운 얼굴의 골리앗이 대조를 이룹니다. 그리고 카메라는 다시 전쟁 준비로 분주한 블레셋과 이스라엘 군사들의 모습을 담습니다. 서로 고함을 치며 칼과 방패를 들고 전열을 벌이며 사기를 충전시키고 있습니다. 그러나 골리앗의 등장으로 이스라엘 사람들은 앞으로 나서지 못하며 주눅 들어가는 모습이 보입니다. 골리앗은 전쟁의 본격적인 시작을 알리면서 이스라엘 사람들을 향하여 큰소리로 외칩니다.

> "너희가 어찌하여 나와서 전열을 벌였느냐 나는 블레셋 사람이 아니며 너희는 사울의 신복이 아니냐. 너희는 한 사람을 택하여 내게로 내려보내라. 그가 나와 싸워서 나를 죽이면 우리가 너희의 종이 되겠고 만일 내가 이겨 그를 죽이면 너희가 우리의 종이 되어 우리를 섬길 것이니라. 내가 오늘 이스라엘의 군대를 모욕하였으니 사람을 보내어 나와 더불어 싸우게 하라 한지라."
>
> (사무엘상 17:8~10)

성경은 이 일로 인해 이스라엘 사람들이 크게 두려워했다고 기록합니다. 사울 왕은 대책이 필요했습니다. 그러나 그 대책은 하나님께 나아가는 것이 아니었습니다.

"그를 죽이는 사람은 많은 재물로 부하게 하고 딸을 주고 그 아버지의 집을 이스라엘 중에서 세금을 면제하게 하리라" (사무엘상 17:25)

이것은 하나님을 주어로 삼고 있는 사람과 자신만을 주어로 삼은 사람의 차이입니다. 하나님을 주어로 삼은 사람은 하나님께도 묻습니다. 하지만 자신이 주어가 되면 자신의 결정을 고집스럽게 밀고 나가며 당연히 하나님의 원하지 않는 일에 힘을 씁니다. 사역을 하면서도 아이디어는 자신의 철학에서 나옵니다. 자신의 감각, 자신의 취향, 자신의 편리일 뿐입니다. 손들고 반대의견을 제시하면 배신자가 됩니다. 하나님이 계시지 않는 현대교회의 현주소입니다. 고집에 대해 열광자가 생길 수는 있지만 분명 다른 사람이 상처를 입게 됩니다. 성경에 자기 생각대로 살다가 망한 사람이 등장합니다. 라멕입니다.

라멕이 아내들에게 이르되 아다와 씰라여 내 목소리를 들으라 라멕의 아내들이여 내 말을 들으라 나의 상처로 말미암아 내가 사람을 죽였고 나의 상함으로 말미암아 소년을 죽였도다 (창세기 4:23)

앞서도 말했지만 가인의 족보에 속한 라멕은 가인의 7대손입니다. 그는 모든 것이 자기중심입니다. 상처를 부둥켜안고 살게 됩니다. 복수로 이를 갈며 살게 됩니다. 자신은 부상 정도로 그쳤으나 그 부상은 타인에게는 죽음이 됩니다. 자신에게 난 상처만 보입니다. 결국은 자기중심으로 살 수밖에 없습니다. 자신의 성격은 '맞다'고 인정하면서 남 탓만 합니다. 신앙의 삶이 아니기 때문에 십자가의 좁고 불편한 길이 아니라 편하고 넓은 길로 갑니다. 넓은 길의 결과를 알면서도 넓은 길로 갑니다. 자신의 성격은 돌아보지 않고 상대를 불편하게 여깁니다. 자신의 성격이 비뚤어져 자신을 거쳐 간 사람들의 상처는 무수한데 자신의 상처만 보고 불편함과 복수심을 드러내는 사람들이 존재합니다. 이러한 사람에게 상처를 받거나 영향을 받는 것도 잘못된 습관입니다. 이러한 일은 예수님도 경고하셨습니다.

> 어찌하여 형제의 눈 속에 있는 티는 보고 네 눈 속에 있는 들보는 깨닫지 못하느냐 보라 네 눈 속에 들보가 있는데 어찌하여 형제에게 말하기를 나로 네 눈 속에 있는 티를 빼게 하라 하겠느냐 (마태복음7:3,4)

상처는 자신을 주어로 삼을 때 찾아오고 모든 것을 불편하게 만들 뿐입니다. 자신을 주어로 해서 사는 사울은 끝까지 자신이 소유한 것의 힘을 의지합니다. 그러나 이스라엘 사람들은 사울 왕의 선언에도 불구하고 더욱 어수선해질 뿐이었습니다.

이때 형들의 도시락을 가지고 전쟁터로 다가오는 다윗의 모습이 보이기 시작합니다. 전쟁의 분위기와는 사뭇 다른 얼굴로 언덕을 오르는 다윗의 표정이 카메라에 담깁니다. 어쩌면 지금 상황의 삶이 '전쟁터의 분위기를 예고하는 분위기'라고 생각하는 사람이 많을 것입니다. 하나님의 사람은 담대함과 믿음의 얼굴로 살아내야 합니다. 하나님을 경험할수록 주변의 분위기에 휩쓸리지 않아야 합니다. 내 것이 아니라 하나님의 도우심으로 이겨낸다는 것을 경험할 때 전쟁터에 있지만 날마다 승리자처럼 살아갑니다. 상처라는 이름으로 병들지 말아야 합니다.

다윗이 아버지 이새의 심부름으로 막 전장에 도착했습니다. 그런데 골리앗의 등장과 더불어 골리앗이 하나님의 군대를 모욕하는 말들이 눈과 귀에 들어왔습니다. 다윗을 선택하신 기가 막힌 하나님의 타이밍입니다. 다윗은 하나님을 모욕하는 골리앗의 모습에 분노가 차오릅니다. 군사들 사이를 비집고 들어가서 지금 벌어지고 있는 상황을 파악합니다. 그런데 이 모습이 엘리압의 눈에 발견됩니다. 엘리압은 마음속으로 생각합니다.

'아니! 저 녀석이 지금 여기가 어디라고 온 거야?'

다윗에게 다가오면서 '철이 없다.'라고 여기기 시작합니다.

다윗이 전쟁터에서 다칠까 봐 걱정하는 마음이 아닙니다. 집에서 양이나 치고 심부름이나 해야 할 막냇동생이 전쟁터에 나와서 나대는 모습이 눈에 거슬린 것입니다. 이 일은 전쟁터에서 방금 생겨난 마음이 아닐 것입니다. 집에서도 엘리압이 보기에 다윗은 존재조차 없는 동생이었을 것입니다. 늘 무시하고 소리치고 심부름을 시키고 한낱 양치는 소년으로 대우했을 것입니다. 엘리압이 지닌 용모와 키로 인해 교만함이 컸습니다. 하나님은 사무엘에게 엘리압에 대해 말씀하셨습니다.

> 그의 용모와 키를 보지 말라 내가 이미 그를 버렸노라
> 내가 보는 것은 사람과 같지 아니하니 사람은 외모를
> 보거니와 나 여호와는 중심을 보느니라 (사무엘상 16:7)

이런 엘리압에게 늘 눌림을 당하고 무시를 당했지만 다윗은 주눅이 들거나 상처를 받지 않았습니다. 아버지나 형들로부터 받는 사랑보다 더 큰 사랑을 받고 있으며 늘 자신을 주목하고 바라보는 하나님이 계심을 인정하기 때문입니다. 하나님을 바라볼 때 상처도 힘을 쓸 수 없습니다. 전쟁터에 갑자기 등장한 다윗을 보는 엘리압의 눈은 여전히 철부지 아이처럼 날뛰는 것 같이 대합니다.

네가 어찌하여 이리로 내려왔느냐 들에 있는 양들을 누
구에게 맡겼느냐 나는 네 교만과 네 마음의 완악함을
아노니 네가 전쟁을 구경하러 왔도다   (사무엘상17:28)

엘리압이 이 말을 부드럽게 연인에게 말하듯 했겠습니까?
화를 내면서 큰소리를 쳤을 것입니다. 그러나 이 분노는 다윗
만을 향해 소리친 것이 아닙니다. 하나님에게도 분노를 드러낸
것입니다. 하나님께 대한 불순종이었습니다

"하나님은 어쩌자고 저런 철부지에게 기름을 부으십니까?"

속으로 하나님에 대한 원망도 가득했을 것입니다. 자신이 생
각한 것과 다른 상황으로 이끌어 가시는 하나님이 이해되지
않습니다. 반면 형의 모습을 본 다윗이 대답합니다.

내가 무엇을 하였나이까 어찌 이유가 없으리이까

(사무엘상 17:29)

그리고는 바로 돌아서서 이스라엘 병사들에게 골리앗의 이
야기를 계속 전해 듣습니다. 다윗에게는 지금 엘리압의 소리가
들리지 않습니다. 무시당하며 살았던 다윗이 상황을 무시하는
장면입니다. 하나님을 모욕하는 골리앗의 소리 때문입니다. 하
나님을 중심으로 살게 되면 주변에서 들리는 소리는 아무것도

아닙니다. 자신 중심으로 살기 때문에 주변에 오는 소리가 모두 자신을 향한 소리로 오해하고 불쾌해합니다. 세상에서 들리는 쓸데없는 소리에 귀를 막고 하나님을 향해 귀를 열어야 합니다. 우리는 하나님께 대한 관심보다 세상을 향한 관심이 넘치기 때문에 좌절하고 우울하며 스스로 절망에 빠지고 상처를 받습니다. 혹여 '내가 어찌 될까?'에 관심을 기울이니 상처는 더욱 심해집니다. 나의 계획과 생각은 실패하였을지라도 나를 향한 하나님의 계획은 실패한 것이 아닙니다. 하나님을 바라보십시오. 아직 끝난 것이 아닙니다. 하나님을 사랑하십니까? 그럼에도 불구하고 주변의 관심이나 사랑이 갈급하다면 상처의 영향이 드러난 것입니다.

지금 상황은 다윗이 충분히 상처를 받을 수 있는 상황입니다. 놀러 온 것도 아니고 구경 온 것도 아닙니다. 아버지의 심부름으로 도시락을 전달하러 온 것입니다. 그러다가 하나님을 모욕하는 소리가 귀로 들려오게 됩니다. 하지만 분노나 복수가 채워진 것이 아닙니다. 실망이나 좌절로 근심한 것이 아닙니다. 다윗의 마음에는 하나님과 함께하면서 모든 것을 이겼던 생각이 차오릅니다.

상처를 이기는 힘은 하나님을 보는 것입니다. 내가 듣고 당한 상황을 계속 생각하면 그 생각은 반복을 가져옵니다. 반복은 결국 두려움과 실의에 빠뜨립니다. 그리고 상처를 더욱 붙들게 됩니다. 상처를 빠져나가려고 묵상할수록 더욱 상처에 갇히게 됩니다.

"그래 결국 나는 아무것도 아니구나. 내가 뭘 할 수 있겠어?"

"그래 이렇게는 못살아. 차라리 혼자 살지"로 끝나고 맙니다.

다윗이 형 엘리압의 말에 변명하고 자신의 상황을 설명하려고 했다면 상처라는 틀에 갇혔을 것입니다. 결국은 믿음이 없는 자신의 모습만을 드러낼 뿐입니다. 다윗은 자신의 마음을 다치게 하는 말에는 관심이 없습니다.

'하나님은 어떻게 생각하실까?'

'하나님이라면 어떻게 말씀하실까?'

에 관심 가지게 됩니다. 자신이 왜 지금 여기 있는지를 생각해냅니다. 골리앗의 만남은 다윗이 원해서 이루어진 결투가 아닙니다. 다윗을 세우시고 하나님의 사람인 다윗을 높이시기 위한 하나님의 계획입니다. 하나님께서 만드신 '다윗 프로그램'입니다. 이것을 인정하고 주어진 일에 최선을 다하는 삶이 우리의 신앙이 되어야 합니다. 지금도 하나님이 계획하신 프로그램 안에서 사는 사람이 많을 것입니다. 내 뜻대로 안 되어 실패인 듯하지만 하나님께서 계획하시는 프로그램이라는 것을 깨닫게 된다면 살 힘이 생기고 살 여유가 생깁니다. 하나님의 프로그램이라고 해서 항상 멋지게만 보일 수 없습니다. 사단의 무수한 방해 공작과 사단의 거친 공격과 맞서자면 아프고 원망 되고 눈물 흘리는 상황이 오기도 합니다. 그러나 의심하지 않는 것입니다.

"이것은 하나님의 프로그램이다."

그럼 사는 것입니다. 다윗은 항상 함께하셨던 하나님의 프로그램을 크게 확장 시킵니다. 하나님의 때를 봅니다. 하나님의 도우심을 떠올립니다. 하나님의 시간을 생각합니다. 정확하시고 완전하신 하나님의 시간을 기억합니다. 곰이 나타나서 양을 잡아갔을 때 하나님은 항상 다윗 옆에 계셨습니다. 그 일을 기억합니다. 다윗에게는 또 하나의 선물이 있었습니다. 그것은 기쁨입니다. 하나님이 자신과 늘 함께했던 기쁨을 소유하고 있습니다. 하나님의 만남을 기뻐하는 것입니다. 다윗은 들에서 양을 칠 때 수많은 하나님의 보호하심을 경험합니다. 다윗은 노래합니다.

> 그러나 주께 피하는 모든 사람은 다 기뻐하며 주의 보호로 말미암아 영원히 기뻐 외치고 주의 이름을 사랑하는 자들은 주를 즐거워하리이다 (시편 5:11)

> 주께서 생명의 길을 내게 보이시리니 주의 앞에는 충만
> 한 기쁨이 있고 주의 오른쪽에는 영원한 즐거움이 있나
> 이다 (시편 16:11)

또한 다윗은 사울에게 하나님이 자신을 어떻게 보호하셨는
지에 대한 경험들을 설명합니다.

> 여호와께서는 나를 사자와 곰에게서 구해 주셨습니다.
> 여호와께서는 나를 이 블레셋 사람으로부터도 구해 주
> 실 것입니다. (사무엘상 17:37a)

다윗이 경험했던 하나님은 실망을 주지 않는 분이었습니다.
하나님을 높이려고 한다면 하나님이 회복을 주십니다. 예수님
께서도 동일한 선포를 하셨습니다.

> 예수께서 이르시되 나는 부활이요 생명이니 나를 믿는
> 자는 죽어도 살겠고 무릇 살아서 나를 믿는 자는 영원
> 히 죽지 아니하리니 이것을 네가 믿느냐
>
> (요한복음 11:25~26)

살기를 소망하면 이미 죽은 자입니다. 그러나 죽기를 선포하
는 신앙은 살아있는 자가 되는 것입니다. 이것이 하나님의 '구
원 프로그램'입니다. 하나님이 주시는 기쁨입니다. 세상의 기

뽐은 우리의 겉모습에 주목하지만 동시에 영혼은 죽습니다. 요즈음 청년들이 이런 말을 합니다. '영혼이 없다.' 겉으로 표시는 해야 하지만 마음은 다른 곳에 있거나 관심이 없는 모습을 보일 때 사용하는 말입니다. 세상을 바라보고 마음과 눈이 세상에 있다면 영혼이 죽을 수밖에 없습니다. 무질서해지고 상처만을 부둥켜안게 됩니다. 자신의 부족함을 인정하기보다는 다른 사람의 잘못을 들추어내기에 바쁩니다. 상대를 추락시키고자 안간힘을 써서 만들어 냅니다. 결국에는 가정이 깨어지고, 우정이 깨어지고, 마지막에는 스스로 깨어져 심각하게 병들게됩니다. 연약하고 고집스러운 인간에게 충실했던 우리를 사랑하시는 하나님의 힘이 필요합니다.

얼마 전 무학교회 원로목사이신 김창근 목사님을 뵙고 담소를 나눈 적이 있습니다. 이런 질문을 드렸습니다.

"목사님! 제 안에 불평이 있는 마음을 어찌 정리해야 할까요?"

목사님의 답은 단순하지만 신선하고 천국인의 답이었습니다.

"물론 마음이 많이 힘들겠지만 우선은 상대를 비방하거나 미움 전에 내 모습 속에는 그러한 모습이 없는지 돌아보고 자신을 먼저 회개할 때 모든 것이 용서되고 화해가 되지요."

목사님의 답이었습니다.

죽었다고 고백하면 살게 되는 것입니다. 그러나 살려고 하면 할수록 더욱 고통스럽고 주변과 함께 죽을 수밖에 없습니다. 하나님의 말씀 앞으로 나와야 합니다. 더 철저히 깨져서 말씀 앞에 엎드리고 하나님의 등장을 기대해야 합니다. 다윗처럼 하는 것입니다. 다윗은 늘 하던 대로 하나님의 이름으로 상황을 대적합니다. 다윗처럼 하는 것이 상처를 치유하는 가장 빠른 방법입니다.

2. 상처라는 이름으로 살지 않는다

다윗이 블레셋 사람에게 이르되 너는 칼과 창과 단창으
로 내게 나아 오거니와 나는 만군의 여호와의 이름 곧
네가 모욕하는 이스라엘 군대의 하나님의 이름으로 네
게 나아가노라 오늘 여호와께서 너를 내 손에 넘기시리
니 내가 너를 쳐서 네 목을 베고 블레셋 군대의 시체를
오늘 공중의 새와 땅의 들짐승에게 주어 온 땅으로 이
스라엘에 하나님이 계신 줄 알게 하겠고 또 여호와의
구원하심이 칼과 창에 있지 아니함을 이 무리에게 알게
하리라 전쟁은 여호와께 속한 것인즉 그가 너희를 우리
손에 넘기시리라 (사무엘상 17:45~47)

다윗은 '상처'라는 이름으로 살지 않았습니다. 오직 만군의
여호와의 하나님으로 살아갑니다. 상처는 처음부터 인생을 잘
못된 방향으로 바꿉니다. 상처는 마음에 들지 않는 인생의 성
격과 습관을 만들었습니다. 상처를 받아도 '내 힘으로 하면 돼'
라고 했던 오기들이 예측할 수 없던 환경의 벽에 무너집니다.

그래서 돌아갈 길을 발견해야 합니다. 상처 속에서 이길 힘을 주시고 바른길로 안내해 주시는 하나님을 전심으로 구해야 합니다. 하나님을 만남으로 삶의 변화와 결단이 있어야 합니다. 하나님의 말씀을 기준으로 삼는 생활로 변화되어야 합니다. 매일의 말씀 읽기와 매일의 기도가 균형을 맞추며 하나님의 원하시는 바를 위해 상처로 들어가지 않는 힘을 지녀야 합니다.

몇 년 전 자매님 한 분을 뵌 적이 있습니다. 무슨 상처인지 알 수 없으나 거의 죽을 위기에 놓여 있는 분이었습니다. 말도 별로 없고 눈빛이 흐린 채 불만과 우울함이 가득한 얼굴이었습니다.

들은 이야기로는 집에서 4살 된 아이에게 소리치고 불만을 토한다는 것입니다. 이제 겨우 4살 된 아이인데 이런 일을 감당하기는 힘들 것입니다. 그럼에도 불구하고 토해놓을 곳 없는 자매님은 상처를 집에서 주로 뿜어낸다고 했습니다. 상처 난 채로 바라보는 남편의 모습과 아이의 모습이 항상 불만인듯합니다. 그러나 이 보다 더 큰 부분은 자신의 화를 토해 놓을 곳이 주로 자신의 마음이 편한 곳, 불을 뿜듯 소리 질러도 반박의 반응이 없는 곳에 자신의 상처를 드러내는 것이 잘못이었습니다.

그러나 다행스럽게 주변의 집사님 한 분이 '오직 믿음'이라는 신앙으로 전도를 시작했습니다. 이런 상황이 멈추길 원했고 방법은 오직 하나 뿐 "오직 예수" 밖에 없음을 알고 교회 출석과 성경 읽기와 기도하기를 통해 상처의 상자에서 조금씩 탈출하기 시작했습니다. 체중도 줄이고 말씀대로 살길을 결단하며 몇 년 사이에 전에 있던 사람은 온데간데없고 SNS에 올린 사진이 완전히 다른 사람이 되었습니다. "오직 예수"는 상처의 벽을 무너뜨리는 힘이며 삶의 새로운 방향입니다. 자매님은 그 이후 새로운 사람이 되어 자신감 넘치는 삶을 살며 신앙생활을 열심히 하고 있습니다. 물론 상처는 고히 돌아가지 않습니다. 여전히 그 마음에 남아 시간이 흐르기를 기다렸다가 공격수로 등장하려 합니다. 그래서 더욱 하나님이 필요한 것입니다.

상처가 주는 힘은 결정적일 때 발휘됩니다. 자신을 숨기거나 도망치듯 사라집니다. 전진하는 모습이 아니라 뒤로 물러섭니다. 스스로 편하고 안주할 곳을 찾아갑니다. 그러나 그곳은 영적으로 자신을 망가뜨리는 길이 됩니다. 당장은 숨 쉴 수 있는 공간처럼 여겨질지라도 점점 목을 조여오는 느낌으로 결국 스스로 망가지는 답을 얻습니다. 그리고 예수 이름 앞에 나오고 상처의 터널에서 나오기를 힘쓰십시오. 육체가 만족하는 생활이 아니라 영이 만족하는 생활 앞으로 나오십시오. 당장 기쁨은 없지만 이슬비에 옷 젖는 것처럼 성령의 단비로 인해 반드시 기쁨 안에서 새로운 감정의 삶을 발견하며 앞에 놓은 문제들을 이길 능력이 생깁니다.

　다윗은 형의 놀림거리가 상처가 되지 않았습니다. 친엄마에게 받지 못한 사랑이 상처로 발전되지 않았습니다. 세상을 이기기보다는 하나님의 말씀에 순종하고 하나님께 받는 칭찬과 격려를 기대했습니다. 드디어 때가 되어 골리앗을 만났을 때 골리앗의 배 위에 올라가서 칼을 내리꽂은 맹장(猛將)이 된 것입니다. 육체의 만족보다는 영의 기쁨을 소유한 것입니다.

3. 모세는 가나안 땅을 밟았다?

이유가 어찌 되었든지 부모에게 버려진 사실을 들었다면 어떻게 반응해야 할까요? 모세는 요게벳의 손에서 버림을 받게 됩니다. 요게벳의 입장에서는

"너를 살리기 위해 어쩔 수 없었다. 그래서 살지 않았니?"

라고 말할 수 있겠지만 버림받은 모세는 이유가 중요하지 않을 것입니다. 모세는 이렇게 말할 것입니다.

"결과야 어찌 되었든지 저를 버리셨잖아요. 차라리 죽이시죠."

모세를 버려야만 했던 요게벳은 상당히 아팠을 것이다. 살리기 위해 버려야만 하는 상황들이 원망스러웠을 것이다. 그러나 요게벳은 믿고 의지하는 대상이 있었습니다. 솔직히 표현한다면 요게벳은 모세를 버린 것이 아니라 하나님께 드린 것입니다.

"이제 부터는 하나님이 길입니다."

어떤 때는 우리에게도 그러한 순간들이 찾아옵니다. 쥐고 있는, 소유하고 있는 방법으로는 해결할 수 없는 답. 그 답의 주

인은 하나님이라는 것을 고백하는 것이 답이 됩니다. 하지만 요게벳의 상황과는 다르게 모세 입장에서는 성장하면서 자신에 대한 궁금증을 안고 있었을 것입니다. 바로 왕궁의 자리가 해결점은 아니었습니다. 다른 말투, 다른 피부색, 머릿결도 다릅니다. 전부 차이가 있는 자신의 모습에서 정체성이 흔들거렸을 것입니다. 결국 자신이 유대민족임을 알고 유대민족의 편을 들어 주다가 큰 봉변을 당합니다. 그러나 모든 것이 하나님의 인도함이었습니다. 하나님께서 주어가 되시는 '모세 프로그램'이었습니다. 모든 답은 여기에 숨어 있습니다. 이것은 모세의 일이 아니라 하나님의 일이고 계획이었습니다. 하나님의 기억이 모세의 인생을 붙들게 되었습니다.

하나님이 이스라엘 자손을 돌보셨고 하나님이 그들을 기억하셨더라 (출애굽기 2:20)

방황하는 것이 있다면 하나님의 계획 앞으로 나아가야 합니다. 하나님의 뜻을 알기 위해 하나님 앞에 엎드려야 합니다. 말씀 구절을 들고 온전히 나가야 합니다. 힘들고 어려운 일의 중심을 하나님께 맞출 때 원인과 길이 보입니다. 상처는 바른 길을 보는 것이 아니라 주변에 펼쳐진 환경에 응답할 때가 많습니다. 상처를 편들어 줄 비뚤어진 환경을 찾게 됩니다. 하나님의 길을 보면 이유를 발견하게 되지만 자신의 환경을 보면 불평을 발견합니다. 살기 위해 몸부림치다가 잘못된 길로 더 빠질 뿐 아니라 그것이 괴로워 목숨을 가벼이 여기고는 가서는 안 되는 길로 가버리기도 합니다.

모세는 상처 안으로 들어가지 않았습니다. 유대인임을 확인했고 왕자의 자리에서 목동의 자리로 내려 앉았지만 오히려 행복했는지도 모릅니다. 두렵고 떨림의 안타까움이 마음속에 자리 잡을 수도 있지만 유대인으로 살 수 있다는 것이 편했는지도 모릅니다. 만일 상처로 자리 잡았다면 자신을 버린 어머니를 찾기에 혈안이 되었을 것입니다. 버림받았던 경험이 없다면 모세의 일이 이해되지 않을 것입니다.

어릴 적 어머니로부터 버림받았던 청년들을 만난 적이 있습니다. 끝내 어머니를 용서하지 못하는 남매는 삶이 그리 평탄하지 못했습니다. 그러나 다행스럽게 좋은 배우자를 만나 결혼을 했고 남매 모두 사랑 안에서 회복되고 있습니다.

사람에게 버림받고 용서라는 단어가 듣기 힘든 상황에 있는 사람들의 이야기에서 이런 일을 경험하지 못한 주변 사람들이 시비를 판단하는 것은 교만임을 깨닫게 되었습니다.

아마도 모세에게 이와 같이 용서하지 못하는 마음은 모세를 힘들게 했을 것입니다. 하나님을 깊이 아는 것도 아니고 정체

성의 모호함과 유대인의 편을 들었던 것이 너무 과해 살인으로 이어졌고 모든 일이 자신의 피해로만 다가올 때 상상하지 못할 두려움과 낙인찍힌 괴로움은 말할 수 없을 것입니다.

한순간에 도망자의 신세로 변한 모세의 모습, 그러나 그를 살린 것은 하나님의 계획이며 하나님의 프로그램입니다. 최고의 높은 자리에서 방랑하는 목동으로 전락한 사건은 인생 최대의 위기이지만 모세의 목표는 아주 작아졌습니다. 그저 평범하게 사는 것입니다. 어쩌면 하나님은 앞으로 나서는 사람보다 작은 자, 극히 평범한 자를 찾고 계셨을 것입니다. 자신의 힘으로 사는 사람이 아니라 하나님의 능력으로 사는 사람, 자신의 계산으로 사는 사람이 아니라 하나님의 말씀에 순종하는 사람을 원하십니다. 왕좌에 있는 모세가 아니라 아무도 찾지 않는 작은 자의 삶을 사는 모습을 하나님이 찾으십니다.

모세의 길은 상처를 내려놓고 평범 안에서 살고 있을 때 하나님의 놀라운 비전이 그를 움직이게 합니다. 이제 모세는 준비가 된 것입니다. 더 이상 작아질 수 없으며 하나님의 사랑을 경험하면서 내어버리지 않으시는 하나님을 경험합니다. 모세의 기도가 버릇없고 하나님께 어떻게 그런 식으로 기도할 수 있느냐고 말하지만 모세는 이미 버림받는 것에 대한 치유가 되어있으므로 차라리 자신을 버리기를 원하는 마음으로 기도

합니다.

그러나 이제 그들의 죄를 사하시옵소서 그렇지 아니하
시오면 원하건대 주께서 기록하신 책에서 내 이름을 지
워 버려 주옵소서 (출애굽기 32:32)

이스라엘을 출애굽 시키고 홍해를 건너며 젖과 꿀이 흐르는
땅 바로 앞에선 모세는 하나님의 뜻 안에 있기를 바랍니다. 모
세처럼 가나안 땅에 들어가기를 소망했던 사람도 없을 것입니
다. 하지만 모세는 하나님의 명령을 따릅니다. 그러나 성경 이
곳저곳에 모세의 마음이 표현 되어집니다.

이는 너희가 신 광야 가데스의 므리바 물가에서 이스라
엘 자손 중 내게 범죄하여 내 거룩함을 이스라엘 자손
중에서 나타내지 아니한 까닭이라 네가 비록 내가 이스
라엘 자손에게 주는 땅을 맞은편에서 바라보기는 하려
니와 그리로 들어가지는 못하리라 하시니라

(신명기 32:51,52)

그들에게 이르되 이제 내 나이 백이십 세라 내가 더 이
상 출입하지 못하겠고 여호와께서도 내게 이르시기를
너는 이 요단을 건너지 못하리라 하셨느니라

(신명기 31:2)

모세는 버림받은 경험과 상처가 회복이 되었습니다. 왜냐 하면 하나님으로부터 버림받지 않는 확신이 있기에 더욱 충성하며 신실함을 들어냅니다. 이스라엘의 수장으로서 신뢰를 구축하는 일이 익숙해집니다. 어릴 적 버림의 상처가 하나님 안에서 치유되었기에 가나안에 들어갈 수 없다는 하나님의 명령에 전적 신뢰와 전적 순종을 이루고 요단을 바라보며 죽음을 맞이할 수 있습니다.

상처가 심할수록 예수님과 소통하십시오. 예수님은 우리의 상처를 스스로 안고 이 땅에 오신 분입니다. 그분은 어떤 상처도 능히 화목하게 할 뿐 아니라 상처를 딛고 일어서게 하시는 분입니다. 다음의 구절은 여호수아에게 선포하기 전에 모세의 고백이 되는 구절들입니다.

> 너희는 강하고 담대하라 두려워하지 말라 그들 앞에서 떨지 말라 이는 네 하나님 여호와 그가 너와 함께 가시며 결코 너를 떠나지 아니하시며 버리지 아니하실 것임이라 하고 (신명기 31:6)

> 그리하면 여호와 그가 네 앞에서 가시며 너와 함께 하사 너를 떠나지 아니하시며 버리지 아니하시리니 너는 두려워하지 말라 놀라지 말라 (신명기 31:8)

모세는 확고한 고백을 합니다. "버리지 아니하시니리" 이렇게 두 번이나 고백합니다. 그러나 아이러니하게 모세는 가나안 땅에서 버림받은 듯 입성하지 못합니다. 그러나 모세는 알았습니다. 가나안 땅보다 더 완전한 땅이 있다는 것을 깨닫고 하나님 앞에 온전히 순종합니다.

개인적으로 알고 지내며 가끔 힐링과 도움을 얻는 목사님이 계십니다. 태국 등지에서 '말씀전무학교'를 하시며 순회선교사역을 하셨던 김덕만 목사님(제주 말씀과기도교회)입니다. 목사님께서 생각지도 못한 질문을 던지셨는데 이 문제가 해결되었습니다.

"모세가 가나안 땅에 들어갔을까요? 못 들어갔을까요?"

당황스러운 질문에 답을 못했더니 시원하게 답을 주셨다.

그 때에 모세와 엘리야가 예수와 더불어 말하는 것이 그들에게 보이거늘 베드로가 예수께 여쭈어 이르되 주여 우리가 여기 있는 것이 좋사오니 만일 주께서 원하시면 내가 여기서 초막 셋을 짓되 하나는 주님을 위하여, 하나는 모세를 위하여, 하나는 엘리야를 위하여 하리이다 (마태복음 17:3~5)

"모세는 결국 가나안 땅에 입성했습니다. 변화산 기억하시죠?"

하시는 것입니다. 그러고 보니 모세가 가나안에 못 들어간 것이 아니라 예수님과 함께 계셨던 것을 알게 됩니다. 상처에 귀기울이지 마십시오. 하나님을 주목하면 상처는 곧 사라지게 됩니다. '버림'은 살리기 위한 상상을 초월하는 '하나님의 프로그램'이라는 것을 새삼 깨닫습니다. 그 아들을 버리신 것은 우리에게 신학적으로 신앙적으로 따질 기회와 빌미를 제공하신 것이 아니라 "버려야 산다. 죽어야 산다."는 명제를 알리기 위함입니다.

4. 어머니를 떠나온 사무엘

사무엘은 모세와 다르게 보냄을 받는 사람입니다. 그러나 어린 사무엘은 '보냄'이라는 단어가 익숙하지 않았을 것입니다. 사무엘서는 사무엘의 어머니 한나의 가슴 아픈 사연으로 시작합니다. 한 여인이 결혼을 했는데 아이를 낳지 못함으로 인하여 날마다 한숨과 눈물의 시간을 보냅니다. 그의 남편인 엘가나가 이를 마음에 두고 위로합니다.

> 그의 남편 엘가나가 그에게 이르되 한나여 어찌하여 울며 어찌하여 먹지 아니하며 어찌하여 그대의 마음이 슬프냐 내가 그대에게 열 아들보다 낫지 아니하냐 하니라
>
> (사무엘상 1:8)

근본적으로 치료되지 못한 상황은 한나의 마음을 계속 괴롭게 합니다. 답을 얻지만 구하는 것의 답을 얻지 못하면 위로가 되지 않습니다. 엘가나의 보살핌이 크고 격려가 되지만 문제는 아이를 낳지 못하는 상황 때문입니다. 이런 상황이 한나의 입을 마르게 합니다. 그리고 무릎 꿇게 합니다. 하늘을 향해 하

나님의 얼굴을 구하게 됩니다. 그때 비로소 자신의 상황이 보이는 것이 아니라 하나님의 마음이 보입니다. 미워하고 불평하며 한탄했던 것이 중지됩니다. 그리고 하나님의 마음과 의도가 보입니다. 인간적으로 생각하면 억울하고 답답하고 한탄 투성이의 고백뿐입니다.

가끔은 생각지도 못한 병이 몸에 찾아오고 생각지도 못했던 자식의 문제가 생기면 그것이 자신에게 찾아온 것에 대해 상당한 불신이 시작됩니다.

"왜 이런 일이 생길까? 왜 하필 나란 말인가?"

하지만 이런 마음의 기도는 답을 얻지 못합니다. 한나는 기도하면서 하나님의 마음을 알게 됩니다. 한나에게도 아이가 없었지만 동시대에 하나님에게는 이스라엘을 구원할 아이가 없는 것입니다.

"하나님에게도 아들이 없구나. 하나님의 나라를 살릴 아들이 필요하구나. 나만 아들이 없는게 아니야."

성경에서 하나님은 한나에게 자식을 주지 않았다고 기록합니다. 주지 않았다는 말은 히브리어 원어로 '문이나 대문을 닫을 때' 표현하는 말입니다. 하나님께서 한나의 태의 문을 닫으신 것입니다. 그런데 성경을 자세히 보면 한나는 태의 문이 닫힌 것으로 괴로워하지 않았습니다. 성경에 그런 기록은 없습니다. 다만 엘가나의 또 다른 한 명의 아내인 브닌나 라는 여인에게 업신여김을 당하고 괴롭힘을 당하는 것에 마음에 비참함을 느끼게 됩니다.

우리에게도 이런 일이 있습니다. 결핍이 우리를 힘들게 하는 것이 아닙니다. 주변에서 결핍으로 평가되는 것이 괴롭습니다. 가난하다, 나이가 많다, 경력이 적다, 재미가 없다, 병이 있다 등등. 그러나 스스로 결핍에 대한 세상의 가치 기준을 버릴 때 하나님의 인도를 받게 됩니다. 세상이 아무리 줄을 세우고 같은 부류끼리 나누어 먹더라도 결국 이김은 하나님 앞에 있음을 명심해야 합니다. 하나님을 붙들고 일어설 때만이 회복되며 바로 설 수 있고 하나님의 은혜 안에 있게 됩니다.

교회가 고난 가운데 있는 것은 언젠가부터 결핍된 것을 이용하고 무시하는 현대 교회가 되어 버렸기 때문입니다. 교회는 조직화 되어갑니다. 계급이 존재합니다. 교회 안에서도 줄서기가 존재하고 실력으로 목회하는 시대가 아니라 줄을 잘 서야 목회의 생명을 유지하는 현실입니다. 세상처럼 지연, 학연이 살아있습니다. 메뉴얼(manual)이 존재하고 기도보다는 권력이 존재합니다. 교회가 하나님을 잃어버리는 증거들입니다. 회개하지 않으면 교회는 또 다른 교회를 만들어 갈 것입니다. 이것이 교회사(敎會史)였습니다.

그래서 우리는 끊임없이 회개해야 합니다. 명심해야 합니다. 그 자리가 천국으로 가게 하는 것이 아닙니다. '교회다움'이 결핍될수록 교회는 교회의 기능을 잃고 하나님을 잃어버립니다. 그리스도인도 동일합니다. 그리스도인의 온전한 믿음이 결핍되고 세상 것을 채움으로 하나님이 기대하시는 그리스도인이 사라지는 것입니다. 한나의 비참함은 한나를 하나님 앞에 서게 합니다.

> 서원하여 이르되 만군의 여호와여 만일 주의 여종의 고통을 돌보시고 나를 기억하사 주의 여종을 잊지 아니하시고 주의 여종에게 아들을 주시면 내가 그의 평생에 그를 여호와께 드리고 삭도를 그의 머리에 대지 아니하겠나이다 (사무엘상 1:11)

첫째 비참함을 굽어보십시오.
둘째 저를 기억해주십시오.
셋째 종을 잊지 마십시오.
넷째 아들을 주십시오.
라고 기도합니다. 비참이란 고통당하는 것입니다. 굽어봐 달라는 것은 하나님을 붙드는 한나의 믿음입니다. 브닌나에게 분노나 질투를 퍼부어서 속이 시원해지는 것이 아니라 오직 하나님의 정답을 구하는 것입니다. 바라봄은 확대되어 기억을 요청합니다. 기억은 잊지 말라는 기도입니다. 여기서 '잊다'라는 말은 히브리 원어의 의미로 '발견하다'는 의미를 가지고 있습니다. 한나의 기도를 한마디로 말하면 자신의 고통을 발견해 달라는 것입니다. 복수나 원한을 구하지 않습니다. 하나님의 방법을 구하겠다는 한나의 의지입니다. 기도의 마지막에 이렇게 요청합니다.

"주의 여종에게 아들을 주십시오"(사무엘상 1:11)

그런데 한나는 히브리어 원어로 볼 때 아들이라는 단어를 사용하지 않습니다. 히브리어로 아들은 '벤'입니다. 그러나 '벤'을 사용하지 않습니다. '제라'의 단어를 선택합니다. '제라'의 의미는 '씨'입니다. 아들 대신 더 넓은 의미로 씨를 달라고 합니다. 아이를 구하면 벤을 구할텐데 한나는 벤을 구하지 않습니다. 한나는 제라를 구합니다. 이 말은 이스라엘의 씨를 구한 것입니다. 이스라엘에 약속된 아들을 구하는 것입니다.

성경에서 말하는 씨는 사단과 싸우는 영적으로 새로워진 아담의 후손을 예시합니다. 궁극적으로는 사단의 의도를 막고 승리하는 예수 그리스도를 의미합니다. 히브리어 제라는 창세기에 나오는 약속의 본문에서 여호와의 언약을 믿는 아브라함의 영적 후손인 메시아의 씨를 언급합니다. 한나는 복수를 위해,

자신의 비참함을 막기 위해 아들을 구한 것이 아닙니다. 한나는 하나님의 마음을 헤아렸던 사람입니다. 우리는 한나의 고통에 관심이 있지만 한나는 하나님의 마음에 시선이 있습니다. 지금 이스라엘에는 아들이 필요했습니다. 제사장 엘리는 나이가 늙고 구별의 능력이 떨어집니다. 게다가 엘리 제사장의 아들들인 홉니와 비느하스는 이미 타락했습니다. 제사장만 타락한 것이 아니라 이스라엘이 타락했습니다. 하나님은 이스라엘을 치유할 아들을 기다렸습니다. 한나의 기도는 개인의 복수와 개인의 채움을 위한 기도가 아니었습니다. 하나님의 마음을 알면 기도의 단어가 바뀝니다. 내 중심에서 하나님 중심으로 기도가 바뀝니다. 한나가 원했던 것은 하나님의 마음입니다. 이스라엘의 아들을 구한 것입니다.

그런데 이스라엘의 아들의 기준이 있습니다. 머리카락에 칼을 대지 않는 것입니다. 그것은 구별이며 거룩입니다. 하나님이 원하시는 모습입니다. 이스라엘을 이끌 영적 지도자의 모습입니다.

자신은 어떤 모습입니까? 하나님의 응답은 하나님의 마음을 알고 기도한 한나의 기도대로 응답 됩니다.

"여호와께서 한나를 기억하셨다(삼상1:19)"
라고 기록합니다. 한나가 기도했습니다.

"기억해주십시오"

하나님은 기억한다고 답을 한 것입니다. 이 말을 달리 말한다면

"하나님만 보겠습니다."

라는 표현이고 하나님께서도

"나도 너만 본다."

는 표현입니다. 상황을 바라보면서 상황이 해결되길 기다리는 것이 아니라 상황 속에서 살아계신 하나님을 바라보고 하나님의 뜻을 구해야 합니다. '벤'을 구한 것이 아니라 히브리어로 '제라', 즉 씨를 구한 것입니다. 자신을 위한 기도가 아니라 하나님의 뜻에 맞는 기도를 한 것입니다.

우리는 이렇게 생각할 수 있습니다. '한나가 필요한 아들을 구하니까 필요를 채워주셨다.' 하지만 이런 생각은 틀렸습니다. 한나는 끝까지 하나님이 원하시는 것을 구했습니다.

"제게 유익한 아들이 아니라 하나님이 필요한 아들을 주십시오. 벤이 아니라 제라를 주십시오."

감사하게 한나의 기도대로 아들을 얻게 됩니다. 그 이름이 사무엘이라고 성경에 기록합니다. 사무엘은 셈과 엘의 합성어로 의미는 '그의 이름은 엘'이란 뜻입니다. 다시 말해 사무엘은 '하나님의 이름'이라는 뜻입니다. 하나님은 이스라엘의 아들이

필요했습니다. 제사장은 구별이 없고 제사장의 아들은 타락했습니다. 약속대로 사무엘을 하나님께 드리기로 합니다. 한나는 가지 않고 남편에게 이렇게 말했습니다.

> "아이가 젖을 떼면 제가 데려가 아이를 여호와께 바치고 일생 동안 그곳에서 살게 하려고 합니다."
>
> (사무엘상 1:22)

아이를 바치기로 했던 약속을 지키고자 남편 엘가나에게 고백합니다. 아이가 젖을 떼면 직접 여호와께 바치겠습니다. 한나의 고백은 쉽지 않은 고백이었습니다. 쉽게 마음을 바꾸는 사람들이 있습니다. 원하던 것을 얻었습니다. 높은 자리에 앉았습니다. 원하던 재물이 가득합니다. 내려놓겠다고 하던 기도가 변합니다. 평생을 성령을 찾지만 좋고 마음에 드는 사역 자리를 구하면 첫 사랑이 사라집니다. 창피한 이야기이지만 이것이 세력을 누리는 목사들의 기도이기도 합니다.

"하나님 이번 한 번 만……"

"하나님 이 만큼만 더 채우면……"

하면서 약속에 게을렀던 것이 우리의 기도였습니다. 영적으로 가장 위험한 것이 게으름입니다. 게으름은 자기 편리를 주장합니다. 상황이 안 좋으니 예배를 쉽니다. 바쁘니 순예배나 구역 예배에 참석을 미룹니다. 피곤하니 성경 읽기는 다음에 합니다. 뿐만 아니라 편리를 앞세워 자신의 뜻대로 하는 것이 게으름입니다. 게으름뱅이도 욕심이 있습니다. 게으르고 더 게으른 것이 욕심입니다. 아무것도 안 하면 좋겠다는 것이 욕심입니다. 성경에서 이렇게 경고합니다.

> 게으름뱅이의 욕심은 그 자신까지 죽이니 자기 손으로
> 어떤 일도 하기 싫어하기 때문이다. (잠언21:25)

끝까지 구하며 약속을 지키는 자에게 치유가 임합니다. 이것이 십자가의 능력입니다. 십자가의 능력은 편리보다 평강케 합니다. 게으름은 편리합니다. 그러나 시간이 지나면 점점 불편해집니다. 평강도 사라집니다. 평강은 처음에 다소 힘겨울 수 있습니다. 하지만 시간이 갈수록 하나님의 충만한 은혜와 인도를 경험합니다.

한나는 사무엘이 젖을 떼고 자립할 수 있는 나이가 되자 선포합니다. 그리고 약속을 지킵니다. 이것이 믿음이고 신앙입니다. 사무엘을 거룩의 자리로 보냅니다. 세상의 가치관에서 멀어지는 것입니다. 세상의 가치관에서 평가되는 것이 아닙니다. 내 안에 가득찬 세상의 방식과 기준으로부터의 구별입니다. 삶이 구별되어야 합니다. 성전으로 보내진 자리는 겉모습으로는

불편 같으나 시간이 갈수록 하나님의 임재를 깨닫습니다. 어린 모습이지만 하나님의 지혜의 영과 담대한 순종의 영으로 살아 갑니다. 하나님은 모든 면에 있어서 치유하실 준비가 되어있습니다. 자녀를 바르며 온전하게 하고 싶다면 학원 갯수가 아니라 하나님의 말씀이라는 것을 깨달아야 합니다. 지금 이 시대와 신앙인 각자의 삶에 치유의 기회를 주십니다.

2020년 불어닥친 코로나19(COVID19)를 이기게 해 달라는 것이 아니라 코로나19(COVID19)의 방역시대 속에서도 믿음을 사단에게 빼앗기지 않기 원합니다.

"신앙적인 자세가 흐트러지지 않게 해 주십시오."

이것이 우리의 기도이어야 합니다. 한나는 아들을 얻은 것이 아니라 하나님을 얻은 것입니다. 비참함 속에서 살 수밖에 없는 기준이 하나님의 치유로 말미암아 구별된 세상을 살게 합니다. 하나님께 시선을 두는 것입니다. 하나님께 모든 것을 소망합니다. 치유를 소망합니다.

이런 관계 가운데 하나님께 '드림'이 되었으나 사무엘이 하나님 중심이 아니라면 '버림'이라는 단어로 바뀌었을 것입니다. 하지만 사무엘 역시 어머니 한나의 마음처럼 하나님을 마음에 두었습니다. 어느 날 자신을 부르는 하나님의 음성을 듣게 됩니다. 성전에 자고 있던 사무엘을 하나님이 부르신 것입니다. 때와 시간이 맞는 순간 하나님의 임재를 깨닫게 됩니다. 사무엘에게 주시는 하나님의 첫 임무이며 하나님 스스로 등장을 기다린 하나님의 나타내심입니다.

> 내가 엘리의 집에 대하여 말한 것을 처음부터 끝까지
> 그 날에 그에게 다 이루리라 (사무엘상 3:12)

이 부분에서 재미난 것은 '처음부터 끝까지'로 번역된 히브리어 단어입니다. 히브리어 원어 어근은 '할랄'과 '칼라'로 기록되었습니다. '칼라'의 의미는 '완성하다, 끝내다'의 의미를 가집니다. '할랄'은 '처음부터'라는 의미보다는 '꿰뚫다, 꿰찌르다, 더럽히다'의 의미들로 사용됩니다. 정리해서 말한다면 '꿰뚫어 끝내다', '더럽혀 끝내 버리다'의 의미로 해석될 수 있습니다. 그러니까 하나님께서는

"엘리의 집에 대해 말한 것은 꿰뚫어 끝내 버리겠다."

는 의지를 드러내신 것입니다. 이 구절의 절절함에서 하나님이 얼마나 사무엘을 기다렸는지 느낌이 옵니다.

> 사무엘이 자라매 여호와께서 그와 함께 계셔서 그의 말
> 이 하나도 땅에 떨어지지 않게 하시니 단에서부터 브엘
> 세바까지의 온 이스라엘이 사무엘은 여호와의 선지자로
> 세우심을 입은 줄을 알았더라 (사무엘상 3:19,20)

사무엘은 드림이 되었고 그 드림에 대한 반응으로 하나님께서 사무엘의 삶에 주어가 되어주십니다. '하나님이 그와 함께 계셔서'라는 표현은 이스라엘의 아들을 기다리신 하나님의 꿈이었습니다. 이제 하나님의 꿈이 펼쳐지는 시작입니다. 그곳에 상처받은 아이가 서 있는 것이 아니라 하나님을 주목하는 아이가 서 있습니다.

온 이스라엘이 사무엘은 여호와의 선지자로 세우심을
입은 줄을 알았더라 (사무엘상 3:20b)

5. 고통으로 태어난 야베스의 인내

　대구의 '화원성명교회'를 출석 중인 원미선 집사님과 이은진 집사님이 경험한 이야기입니다. 아무나 따라 할 수 없고, 흉내 낼 수 없는 이야기입니다. 왜냐 하면, 사람의 힘으로 한 것이 아니라 성령님께서 하셨기 때문입니다. 성령님께서 은혜를 주시고자 한다면 시간, 장소를 구애받지 않고 이루시는 것을 경험하게 됩니다.

　이은진 자매에게는 갑상선 부위에 종양이 있었습니다. 자세히 말하면 오른쪽 한 개 그리고 작은 알맹이 한 개가 왼쪽에 각각 자리 잡고 있었습니다. 어느 날 깊은 기도 가운데 성령님의 임재를 경험하게 되었습니다. 다음 날이 갑상선에 대해 진료를 받는 날이었기에 치유를 소망하며 간절히 기도했습니다. 그런데 놀라운 일이 일어났습니다. 엎드려 기도하던 중 손바닥에 불이 붙은 듯 뜨거움을 느꼈답니다. 마음 한구석에 치유의 열망이 자리 잡고 뜨거운 손이 목으로 향하게 됩니다. 그러나 이것은 본인의 의지와 상관없는 일이었습니다.

"저도 모르게 손이 목으로 향했어요. 목을 부여잡고 기도하며 성령님께서 하고 계신 것을 느끼게 되었어요"

목과 어깨가 뜨거워졌습니다. 알 수 없는 눈물이 흐르고 성령님의 따스한 손길이 더욱 자신을 덮는 것을 느끼게 되었습니다.

다음 날 병원에 찾아갔습니다. 담당 의사가 고개를 갸우뚱하며 한참을 모니터를 쳐다보다가 이해가 되지 않는 듯 이렇게 말했습니다.

"이상하네요. 왼쪽의 종양이 사라져 보이지가 않네요."

그러나 의사보다 더 놀란 것은 진료를 받는 자매였습니다. 갑상선의 종양이 어떻게 사라졌는지 알기 때문입니다. 은진 자매는 그대로 입을 다물고 있을 수 없었습니다.

가까운 친구에게 이야기했습니다. 그중에 귀를 기울여 관심을 지녔던 자매가 있었습니다. 관심을 가졌던 박 자매는 '갑상선 기능 항진증'이 있었습니다. 몇 개월 동안 병원에 다닐 때마다 갑상선 항진 치수가 불안정했습니다. 다음 주에 병원의 진료가 예약되어 있었습니다. 그러다 보니 치유를 경험한 자매의 신앙과 경험이 부러웠습니다.

"자매, 나를 위해 기도 부탁해요. 만나서 기도해 줄 수 있어요?"

그렇게 기도회는 시작되었습니다. 늘 함께 기도하던 원미선 자매까지 한자리에 앉게 되었습니다. 기도를 준비하던 자매들의 이야기를 들으며 소스라치게 놀랄 수밖에 없었습니다.

"코로나 기간이어서 기도하기에 마땅한 장소가 없더라구요. 할 수 없이 3층으로 된 카페 2층 구석에 자리했어요."

2층 구석에 원미선 자매와 이은진 자매는 먼저 자리 잡았습니다. 그런데 주변 상황은 기도하기에 넉넉하지 않은 형편이었습니다. 몇몇 테이블에 사람들이 보였습니다. 그러나 두 자매는 사람들을 쳐다보지 않았습니다. 이렇게 고백합니다.

"처음에는 사람들이 있는데 괜찮을까 하고 생각이 들었으나 결론은 하나님이 원하시는 일이라면 하나님께서 하실 것이라는 확신이 들었어요"

두 자매는 그런 상황을 마음으로 기다리며 항진증으로 고민하는 자매를 기다렸습니다. 자매가 도착하는 동안에 신비롭게 3층에 자리 잡고 있던 사람들이 전부 빠져나간 것을 알았습니다. 더욱 담대한 마음이 들었습니다. 기다리던 자매가 도착하고 자리에 앉아 몇 마디 인사를 하고 서로 손을 부여잡았습니다. 기도 당시에 자매의 고백입니다.

"나음 받기를 원하는 나한테 그렇게 하셨듯이 너무 간절히 원하는 이분에게도 그렇게 하실 것이다"

다짐 기도가 되어 서로 손을 잡고 기도하려는데 주변에 놀라운 상황이 벌어졌습니다. 테이블에 앉아 있는 사람들이 하나, 둘씩 계단을 내려가는 것이었습니다. 이제 2층과 3층은 아무도 없는 조용한 기도원이 되었습니다. 이해가 안 되어 재차 물었습니다.

"그래도 아래 카운터에는 주인이 있을텐데요?"

"모르겠어요. 아마 아르바이트생들이었나 봐요. 하나님께서 정리를 해 주셨겠죠?"

그렇게 기도회는 시작되었다고 합니다. 손을 잡고 처음에는 작은 목소리였으나 점점 소리가 커지면서 은혜를 구했습니다. 그때 성령님의 역사가 임했다고 합니다. 기도를 받는 자매의 이야기입니다.

"손부터 어깨를 지나 목까지 뜨거워졌어요. 저 혼자 그런 것이 아니라 기도하는데 원미선 자매님도 등이 뜨거워졌다고 하고 은진 자매님도 손이 뜨거워졌어요"

카페를 기도원으로 만들면서 벌인 상황들은 성령님의 동행을 느끼면서 하나님의 살아 계심을 경험한 자리가 되었습니다.

다음 주, 병원을 찾은 박 자매는 역시 놀라움으로 고백했습니다.

"하나님이 하셨어요!!"

담당 의사가 이 내용을 모르면서도 정답을 외치셨습니다.

"흔하지 않은 일인데 치수가 정상이 되었네요."

물론 박 자매는 이 일이 어디서 시작했는지 알고 있었습니다. 의사 선생님의 놀라운 표현대로 성령님의 임재를 사모하는 사람에게 성령님은 찾아오셨습니다. 기도하기 원하는 사람에게 기도할 수 있도록 문을 여십니다. 성령님이 살아계심을 경험하는 자리가 됩니다. 때로 찾아온 병이 주님을 더욱 친밀하게 만날 기회가 되기도 합니다. 오로지 주님만을 향해 고개 돌리는 순간이 됩니다.

성경에서는 외롭게 기도하는 한 인물을 만납니다. 그 이름은 '고통'이라는 이름의 의미인 '야베스'입니다. 야베스의 기도는 믿는 사람들의 기도에 많이 회자되기도 합니다. 아마도 그 기도가 자신의 삶과 일치되는 부분이 많기 때문일 것입니다.

> 야베스가 이스라엘 하나님께 아뢰어 이르되 주께서 내게 복을 주시려거든 나의 지역을 넓히시고 주의 손으로 나를 도우사 나로 환난을 벗어나 내게 근심이 없게 하옵소서 하였더니 하나님이 그가 구하는 것을 허락하셨더라 (역대상 4:10)

이 부분이 마음에 일치될 것입니다.

"환난에서 벗어나 내게 근심이 없게 하옵소서"

어떤 환난인지는 기록하지는 않았지만 울부짖는 야베스를 만나게 됩니다. 그러나 한가지 주의할 점이 있습니다. 이 기도는 상투적으로 외치는 기도가 아니라는 것입니다. 믿음이라는 조건이 필요합니다. 이 기도는 조건을 달아 시작합니다.

"주께서 내게 복을 주시려거든"

믿음이며 확신입니다. 야베스는 고통 중에도 복 받는 삶을 살았습니다. 시편 1편에 있는 말씀과 같은 삶이었을 것입니다.

> 복 있는 사람은 악인들의 꾀를 따르지 아니하며 죄인들
> 의 길에 서지 아니하며 오만한 자들의 자리에 앉지 아
> 니하고 오직 여호와의 율법을 즐거워하여 그의 율법을
> 주야로 묵상하는도다 (시편1:1~2)

야베스는 태어나면서부터 눈치 보는 사람이 됩니다. 성경에 자세한 기록은 없지만 그의 어머니가 출산 과정에서 매우 힘들고 고통이 따랐나 봅니다. 아니면 야베스가 태어날 당시 환경이나 개인적인 고통이 따랐을 것입니다. 성경에서 보면 야베스의 아버지가 등장하지 않습니다. 아마 이를 미루어 짐작하건대 야베스 아버지의 존재에 대한 의문을 갖게도 합니다. 물론 성경에 정확한 기록이 없기 때문에 여기서 대답을 내리기는

곤란합니다. 하지만 이 일과 관련이 없더라도 야베스는 고통과 함께 지내는 것을 알 수 있습니다. 야베스는 이름을 인식하면서부터 어머니께 이 불만을 토할 수도 있습니다.

> 야베스는 그의 형제보다 귀중한 자라 그의 어머니가 이름하여 이르되 야베스라 하였으니 이는 내가 수고로이 낳았다 함이었더라 (역대상 4:9)

그의 이름이 '고통'입니다. 아무리 힘들었다 할지라도 방금 태어난 자신의 아이를 보며 저주하듯 "너는 이름이 고통이다" 하는 듯 이름을 부른다는 것이 이해하기 힘든 일입니다.

"어머니 자기 아들의 이름을 짓는데 '고통'이 무엇입니까?"

하면서 자신의 이름을 저주했을 것입니다. 그러나 다행스럽게 야베스는 이름을 주목하지 않았습니다. 그의 인생은 하나님 앞에 있었습니다. 인생에 불만이 있을 때 우리가 주목해야 하는 것이 무엇인지 알게 합니다. 이름이 현실이 되어 고통스러운 시간을 보내지만 이름 탓을 하지 않습니다. 그는 고통이라는 이름 위에 계신 하나님을 주목합니다. 믿음으로 기도합니다. 그의 기도는 성경에 한 번 기록되어 있지만 한 번의 기도로 끝낸 것이 아닙니다.

여기서 놀라운 것은 야베스의 기록이 족보를 나열한 중간에 있다는 것입니다. 특별하게 기록하면서 '왜 하필 그의 인생 중에 기도만 기록했을까?'하는 생각이 듭니다. 아마도 그 기도가 특별했기 때문일 것입니다. 야베스의 삶의 다른 부분이 아니라 기도에 대해 기록한 것은 야베스가 상처를 딛고 기도에 매달린 사람이었기 때문에 주변에 소문이 나고 기억되었을 것입니다. 더구나 그 기도는 특별한 기도입니다.

"지경을 넓혀 주십시오, 근심이 없게 해 주십시오"

더구나 하나님께서 이를 들으시고 응답하신 놀라운 사건입니다. 야베스는 상처 속에 살지 않았다는 것입니다. 근심하고 걱정하는 일이 아니라 기도했을 것입니다. 이 문제에 있어 기도의 기본적인 태도이기도 하지만 '한 번의 기도로 응답받았다.'라고 결론은 내지는 말아야 합니다. 근심이 없게 해달라는 기도는 그 평생을 따라 다니는 이름표 같은 역할을 했을 것입니다. 그러나 야베스는 내 이름이 고통이고 내 삶은 근심이라는 낙망보다는 하늘을 봅니다. 기도합니다. 그리고 드디어 하나님의 응답을 받게 됩니다.

하나님이 그가 구하는 것을 허락하셨더라

(역대상 4장 10절b)

'상처에 사는가' 아니면 '기도에 사는가'는 본인이 결정하는 것입니다. 상처는 우울과 자책감을 주지만 기도는 회복과 은혜를 가져옵니다. 굳어진 상처를 물리치고 기도의 자리에 앉아야 합니다. 기도로 인생을 바꾸어야 합니다. 야베스처럼 말입니다.

6. 구덩이에서 하나님의 형통으로 변화 받은 요셉

　성경에서 인생이 파란만장한 인물을 추천하라고 한다면 단연코 창세기에 등장하는 야곱의 열한 번째 아들, 요셉일 것입니다. 요셉의 고생이 어디서부터 시작했을까요? 창세기를 읽은 사람이라면 '요셉의 자랑'이라고 단언합니다. 어쩌면 가정 교육의 문제 제기가 충분했을 가정의 모습입니다. 아버지 야곱의 일방적인 편파적 사랑과 관심으로 요셉을 제외한 나머지 열 명의 형제들이 더욱 하나가 되는 기회를 제공합니다. 야곱에게 있어서 요셉은 자신이 극진히 사랑했던 라헬에게서 나은 아들이기에 더욱 편파적인 사랑이 드러났을 것입니다.

　엎친 데 덮친 격으로 아버지의 편파적 사랑에 불을 붙이고 파란만장한 인생을 살게 되는 또 다른 계기는 꿈입니다. 꿈의 발설과 잘난체하는 듯한 모습은 형들의 미움을 사는 기회였습니다. 어린 시절 아버지의 극진한 사랑을 받았지만 형들에게 심한 따돌림을 받고 애굽으로 팔리게 되는 요셉은 어떤 마음일지가 궁금합니다. 그러나 성경의 인물이 그렇듯 하나님 역시 요셉의 순종과 책임감을 사랑합니다.

어느 날 야곱이 요셉을 부릅니다. 10명의 아들들이 세겜으로 양을 몰고 갔기 때문입니다. 야곱에게 있어서 세겜은 그리 좋은 기억의 땅이 아닙니다. 그래서 세겜 땅으로 요셉을 보내고 있습니다. 그러나 이런 장면에서 볼 때 야곱의 손을 떠난 요셉은 이미 홀로 되었음을 짐작합니다. 그러나 홀로된 요셉의 등 뒤에는 하나님께서 함께 하십니다. 요셉의 상처의 출발입니다. 아버지 야곱의 손을 떠난 순간부터 상처는 시작됩니다. 그러나 상처를 누리기 보다 하나님을 만나는 기회로 삼은 요셉은 어려운 순간이 오더라도 그것으로 실망하거나 좌절하지 않습니다. 실망은 상처를 주고 상처는 두려움이나 변명을 가져옵니다. 그리고 두려움이나 변명은 결국에는 폭력을 가져옵니다.

상처받을 때 '하나님 주어 삼기'를 훈련하면 오히려 하나님의 은혜를 경험하는 기회입니다. 강렬한 미움과 분노가 차오르면 잠을 못 이루고 심각한 우울에 빠져 들어갑니다. 헤어나올 수 없는 자리지만 이때 하나님과 독대할 수 있는 자리로 옮겨야 합니다. 우울이 만남이 되고 분노가 형통이 되도록 마음과 몸을 움직이는 강한 의지와 결단이 필요합니다.

요셉이 책임감이 강하다는 것은 세겜에 도착하여 진행되는 일에서도 알 수 있습니다. 세겜 땅에 도착했으나 형들을 찾을 수 없어 방황하게 됩니다. 그때 주변이 있는 사람들이 묻게 됩니다.

네가 무엇을 찾느냐 (창37:15b)

그가 이르되 내가 내 형들을 찾으오니 청하건대 그들이
양치는 곳을 내게 가르쳐 주소서 (창37:16)

답답한 요셉의 마음에 길을 발견할 수 있는 사람을 만나게 됩니다. 사실 세겜 땅은 야곱의 아들들에게는 위험한 곳입니다. 디나의 사건을 통해 '레위와 시므온'이 세겜의 남자에게 복수했던 곳이기도 합니다. 자칫 잘못하면 죽을 수도 있는 곳이기 때문에 더욱 염려가 됩니다. 이때 형들이 살아있음과 진로를 듣게 됩니다.

그 사람이 이르되 그들이 여기서 떠났느니라 내가 그들
의 말을 들으니 도단으로 가자 하더라 하니라

(창 37:17a)

은근히 요셉의 일을 인도하시는 하나님을 느끼게 됩니다. 하나님이 한 수를 두었다면 이제는 요셉 차례입니다. 요셉은 여기서 돌아가도 됩니다. '형들이 살아있구나.'라고 생각하며 발길을 야곱에게 돌려도 됩니다. 연구에 의하면 요셉의 걸어왔던 길은 하루 걸음걸이인 약 80 km 정도라고 합니다. 그러나 요셉은 형들의 얼굴을 보고자 도단으로 출발하게 됩니다. 이렇게 생각할 수도 있을 것입니다. 물론 지나간 결과이기는 하지만 "형들의 소식을 들었으니 이제 그만 아버지께 돌아가지." 라고 말하는 사람도 있을 것입니다. 그러나 요셉의 책임감이 상처 탈출의 바탕임을 알 수 있습니다. 첫째는 하나님 앞에 책임감이 충만합니다. 둘째는 삶의 신실함 앞에 책임감이 충만합니다. 셋째는 자신에게 책임감이 충만합니다. 그러니 하나님께서도 그의 책임감에 날마다 은혜를 부어 주십니다. 상처를 탈출하기 위해 염두해 둘 것은 자기 자신 앞에 놓여 있는 책임에 민감해야 한다는 것입니다.

요셉은 하나님 중심의 사람입니다. '상처를 중심으로 사느냐?, 하나님 중심으로 사느냐?'는 그의 고백에서 결론을 냅니다. 요셉이 상처만 보고 이유를 발견하려고 했다면 하나님의 일을 보지 못했을 것입니다. 그러나 하나님 중심의 삶을 살기에 하나님의 도우심을 은혜로 받을 수 있으며 형들이 자신을 판 일에 대해서도 하나님의 일로 여깁니다. 이것이 가능할까요? 팔렸다는 사실을 잊은 것이 아닙니다. 형들에 의해 팔렸다는 사실을 기억하기는 했으나 하나님의 일임을 명백하게 고백합니다.

> 요셉이 형들에게 이르되 내게로 가까이 오소서 그들이
> 가까이 가니 이르되 나는 당신들의 아우 요셉이니 당신
> 들이 애굽에 판 자라 당신들이 나를 이 곳에 팔았다고
> 해서 근심하지 마소서 한탄하지 마소서 하나님이 생명
> 을 구원하시려고 나를 당신들보다 먼저 보내셨나이다
>
> (창 45:4,5)

그런데 여기에 하나님의 약속이 있다는 것입니다. 하나님을
성취하기 위해 상처로 살아가는 인생이 아닌 하나님 중심으로
살아야 한다는 것입니다.

늘 궁금한 점이 있었습니다. 요셉과 같은 청년의 나이라면
그 곳이 어디든지 힘들고 어렵고 마음에 합당치 않을 때 도피
하거나 회피하거나 자리를 피할 수 있는데 요셉은 노예로 팔
려 도망치지 않고 왜 그 집에서 종살이를 했을까? 다리에 쇠를
묶어 도망치지 못하게 한 것도 아닌데 왜 도망치지 않았을까?
하는 궁금증이 늘 마음에 남아있었습니다. 그런데 여기서 답을
얻게 됩니다.

"하나님이 생명을 구원하시려고 나를 당신들보다 먼저 보내
셨나이다(창 45:5b)"

라고 하나님을 의식하며 살아왔다는 증거입니다. 요셉은 이것이 '하나님의 일'이라는 것을 머리에서 떠나보내지 않습니다. 반드시 바로 잡아주실 것을 기대합니다. 설령 그렇지 않더라도 삶에서 날마다 형통함을 부어 주시는 하나님을 경험합니다. 우울이나 분노에서 하나님으로 마음을 전환해야 합니다. 내가 복수하고 내가 원수 갚은 것보다 하나님이 원하시는 바는 나를 높이는 일입니다. 복수보다도 하나님의 원하심은 복과 형통을 주십니다.

> 하나님이 이르시되 나는 하나님이라 네 아버지의 하나님이니 애굽으로 내려가기를 두려워하지 말라 내가 거기서 너로 큰 민족을 이루게 하리라 내가 너와 함께 애굽으로 내려가겠고 반드시 너를 인도하여 다시 올라올 것이며 요셉이 그의 손으로 네 눈을 감기리라 하셨더라
>
> (창 46:3,4)

사람들은 상처를 기억하고 상처에 끌려 살아가면서 자신의 성격을 만들어 냅니다. 상처는 성격이 되고 성격은 직업이 됩니다. 상처는 사단에 속한 단어입니다. 어느 순간부터 "상처받았다"는 말이 사용되기 시작하더니 보이지 않는 폭력으로 자리 잡습니다. 대부분의 사람이 상처로 살면서 또 다른 사람

들의 상처를 대항합니다. 남자와 여자가 만나 결혼을 할 때도 그 상처를 치유하는 수단이 아니라 상처끼리 대항하며 싸우는 관계가 됩니다. 그러면 당연히 이혼이라는 단어를 사용하고 실행하게 됩니다. 그러나 하나님은 기뻐하지 않는 일입니다. 가정 안에서 상처가 아니라 존경과 사랑으로 말미암아 상처를 치유해주는 관계로 거듭나길 원하십니다. 그래서 이혼증서를 쉽게 내어줄 수 없는 것입니다.

상처를 넘어서는 방법은 개인으로는 도저히 할 수 없습니다. 하나님의 말씀이 삶에 들어와야 합니다. 삶을 말씀으로 살아내야 합니다. 하나님의 약속을 믿고 그 약속대로 살아내야 합니다. 사도요한은 자신의 서신에 하나님과 우리의 관계를 아주 진하고 밀접하게 표현하고 있습니다.

누구든지 그의 말씀을 지키는 자는 하나님의 사랑이 참으로 그 속에서 온전하게 되었나니 이로써 우리가 그의 안에 있는 줄을 아노라 (요한1서 2:5)

하나님의 사역은 성격대로, 하고 싶은 대로, 원하는 대로 하는 것이 절대 아닙니다. 내 성격으로 믿음의 삶을 사는 것이 아니라 하나님의 원하심과 하나님의 일하심으로 거듭나야 합니다. 거듭남은 두려움을 내어 쫓습니다. 거듭남은 사랑의 힘으로 변화됩니다. 거듭남은 육적으로 낮아지게 하여 영적으로 높은 자리에 앉게 합니다. 애굽의 총리의 자리에 앉은 것은 하나님만 보았던 요셉의 온전한 거듭남이며 이스라엘을 향한 하나님의 프로그램 안에서 살기를 작정한 요셉의 인내와 지혜입니다.

> 이스라엘이 요셉에게 또 이르되 나는 죽으나 하나님이 너희와 함께 계시사 너희를 인도하여 너희 조상의 땅으로 돌아가게 하시려니와 (창세기 48:21)

7. 살인자 아버지에게 목숨을 맡긴 이삭

아브라함이 모리아 산에서 묶여 있던 이삭에게 칼을 가까이 가져 갔습니다. 하지만 이삭의 몸부림은 없었습니다. 성경 어디에도 이삭의 마음을 살피는 구절이 없습니다. 상황을 봐서 아버지께 순종하기로 한 것입니다. 이 이야기의 주인공은 아브라함입니다.

칼이 아버지 아브라함을 통해 목에 가까이 올수록 이삭은 하나님께 더 가까웠습니다. 아브라함을 원망한 것이 아니라 하나님을 사모했습니다. 칼이 몸에 점점 가까이 다가올수록 하나님을 향한 이삭의 내면은 순종으로 가득했습니다.

"하나님이 나를 필요로 하신다면...... 내가 제물이라면......"

그리고 자신의 목숨을 아버지께 다 맡겼습니다. 그런데 칼이 목에 닿는 순간 하나님의 천사가 나타났습니다

사자가 이르시되 그 아이에게 네 손을 대지 말라 그에게 아무 일도 하지 말라 네가 네 아들 네 독자까지도 내게 아끼지 아니하였으니 내가 이제야 네가 하나님을 경외하는 줄을 아노라 (창 22:12)

이삭은 아버지 아브라함의 철저한 믿음의 순종과 하나님의 권위를 인정하는 완전함으로 이삭이 구해졌습니다. 아브라함이 눈을 들어 나뭇가지에 뿔이 걸린 양을 발견하고 이삭과 자리를 바꾸어 번제를 드렸습니다. 죽음에서 살아온 이삭과 함께 아브라함은 양을 죽이며 번제를 드립니다. 제사가 정리되고 아브라함과 이삭은 하산을 준비합니다. 내려오는 동안 아무 말이 없었을 것입니다. 두 사람을 기다리던 종들을 만났지만 짐을 나귀에 싣고 집으로 돌아가는 것 외에는 아무런 말이 없습니다.

아브라함의 철저한 순종이 이삭을 살렸지만 따지고 보면 이삭의 철저한 순종이 아브라함을 살린 것입니다. 아버지를 따라가 죽음 앞에 섰으나 이삭은 반항하지도 질문하지도 않았습니다. 그러나 이삭에게 '상처가 없었다'라고 말할 수가 없습니다. 이삭은 아주 큰 낙심과 아버지의 신뢰에 있어서 상처를 받았습니다. 이삭은 마음속으로 이렇게 생각할 수도 있습니다.

'처음부터 이런 일 있을 것이라고 말하면 되지 왜 거짓말을 하셨을까? 나를 믿지 못하셨나?'

자신을 속이고 일을 진행한 아버지 아브라함이 계속 머리에 남았습니다. 그가 상처받은 증거라고 할 수 있는 것이 두 아들에 대한 편애입니다. 에서를 더욱 사랑하고 야곱을 덜 사랑했기 때문입니다. 사냥하여 먹을 것을 제공하고 눈이 침침함에도 불구하고 에서의 겉모습을 손에 익혀 둘 만큼 편애 된 아들 사랑이 있었습니다. 이것은 아브라함으로부터 받은 상처에서 기인했음을 짐작하게 합니다.

평생 모리아 산을 잊을 수가 있었을까요? 아마도 '모리아' 라는 이름에도 가슴 뛰고 깜짝 놀라지 않을까 싶습니다. 그러나 이삭은 삶에 우울이나 상한 심령으로 자신의 길을 가는 경우는 없습니다. 하나님과 멀어지지도 않습니다. 항상 하나님을 소개할 때 '아브라함과 이삭과 야곱의 아버지'라는 이름으로 소개될 만큼 이삭은 이스라엘의 위대한 족장 중 한 명입니다. 성경 안에 이삭에 대한 특별한 이야기가 없는 만큼 이삭의 삶도 개인적인 성품으로 살아간 것이 아닌 하나님을 의지하여 살았음을 깨닫습니다.

상처를 기억하지 말고 상처를 경험 삼지 말고 상처를 묵상하지 말아야 합니다. 가급적 상처 안에서 나와 하나님이 주시는 삶을 발견하고 그 삶으로 이끌려 가야 합니다. 삶을 개척하고 삶에서 은혜를 구하고 자신만으로 가는 길을 고민하는 것이 아니라 다른 사람을 위해, 다른 사람이 잘 되는 길을 위해, 다른 사람을 살리는 일에 비전과 마음을 품고 살아야 합니다.

부끄러운 이야기이지만 목사 중에서 이런 사람을 찾기는 참으로 어려운 시대가 되었습니다. '정말 하나님이 기뻐하는 일을 고민하고 실천하는 사람이 있을까?' 의심도 품게 됩니다. 직업(職業)이 목사이지 천직(天職)이 목사는 아닙니다. 회개하고 엎드리지 않으면 설교했다고, 사역했다고, 교회 사역을 했다고 해서 생명책에 기록되지 않습니다. 이삭의 목숨은 자신이 주인임을 잃어버리고 하나님께 목숨을 내어놓은 위대한 사건입니다. 이로 인해 아버지 아브라함은 하나님에게 '믿음의 조상'이라는 상을 받을 기회를 얻은 것입니다. 살인자가 될 뻔한 아버지가 이스라엘의 영원한 기억 가운데 놓이도록 이삭은 철저한 겸손과 자신의 목숨을 내어놓은 사건입니다.

III

길, 아무도 지나갈 수 없는 길

1. 아무도 지나갈 수 없는 길

이삭이 이스라엘을 위해 목숨을 맡겼다면 온 인류를 위해 목숨을 내어주신 분이 계십니다. 그분이 바로 예수 그리스도입니다. 예수님은 아무도 올 수 없는 길로 오셨고 아무도 갈 수 없는 길로 가셨습니다. 그로 인해 그리스도인 모두가 갈 수 있는 길을 열어 주셨습니다. 그래서 그리스도인이 누구인지 명확히 이해해야 합니다. 그리스도인은 아무도 지나갈 수 없는 영적인 환경을 돌파하는 사람입니다. 때론 우리의 두려움과 지난날의 경험들이 기도를 가로막습니다. 험악한 세월에 대한 고통이 가야 할 길을 막아 세웁니다. 그러나 그리스도인은 예수님과 동행하는 사람이기에 그 길을 돌파해야 합니다. 예수님의 능력을 충분히 알지만 사실 우리가 하는 일은 아주 작은 일에 불과합니다. 예수님의 진심을 알면 믿음만 남게 됩니다. 예수님과 거라사 귀신의 만남에서도 알 수 있습니다. 예수님이 무덤에서 나온 두 귀신을 향하여

"너 이름 뭐냐?"

라고 묻습니다. 귀신이 대답합니다.

"군대입니다."

귀신 들린 자가 말합니다.

"돼지 떼에 넣어주세요."

그리고 돼지 떼가 바다에 빠져 몰사했습니다. 마태복음에 보면 이 귀신이 살던 무덤 길이 있었습니다. 성경은 기록합니다.

"아무도 그 길을 지나갈 수 없을 지경이더라"

(마태복음 8:28)

그런데 예수님은 다릅니다. 바로 그 길로 가십니다. 아무도 지날 수 없는 그 길의 마지막은 '십자가의 길'이 됩니다. 아무도 걷지 않는 길이 바로 십자가의 길이 되고 예수님은 항상 이런 길을 사모하셨습니다. 평범한 길로 가지 않으십니다. 그 길로 가십니다. 누구든지 가기 두려운 길로 가십니다. 왜일까요? 귀신이 무서운 것이 아니라는 것을 보여주기 위해 그럴까요? 이것은 그 길로 가시는 것이 예수님의 능력입니다. 아무도 가지 않은 그 길은 지나기 싫은 길, 걷기 불편한 길입니다. 그런데 바로 그 길이 천국의 길이라는 것입니다. 그래서 믿음의 사람이라면 이런 길로 가야 하는 것입니다. 자신이 편한 대로, 자신의 유익을 따라, 자신의 성질대로 가고 있다면 그 가는 길이 분명 천국이 아닙니다. 그런데 안타깝게 하나님을 바라보고 걷는 자가 아닌 자신의 유익과 즐거움과 만족을 선택해서 걷는 자들이 그리스도인이라는 타이틀을 쓰고 걷는 척합니다. 제대로 생각해야 합니다.

"내가 어떤 길을 걷고 있나?"

"나는 부름 받은 대로 살아가는 참 사역자인가?"

"나는 선택을 감사하며 믿음으로 나아가는 성도인가?"

참 기쁨은 바로 '예수님의 길'을 걷는 자에게 찾아옵니다. 바울은 빌립보서에서 '기뻐하라'를 강조합니다. 무엇을 기뻐합니까? 참된 소망의 기쁨은 천국입니다. '하나님으로 인하여 기뻐하고 있는가'를 스스로 점검해야 합니다. 다소 힘들고 해결하기 어려운 일이 생겨도 낙망하지 않고 우울해지지 않는 것은 '하나님이 함께 하셨음'을 고백하는 일입니다. 그리고 어떻게 하면 하나님의 영광이 더 드러날 것인지를 묵상하며 실천하는 일이 필요합니다.

다윗이 골리앗 앞에 설 때 얼마나 기뻤을까요? 하나님의 동행을 얼마나 기대하고 있을까요? 비록 매우 작은 돌팔매 무기이지만 그 안에는 골리앗의 칼보다 비교할 수 없는 이상의 크신 하나님의 능력이 함께 있었습니다. 하나님이 하실 일을 기대하기 때문에 기쁨이 됩니다. 그리고 자신감과 기쁨이 넘치는 목소리로 소리칩니다.

"만군의 여호와 하나님의 이름으로 간다."

우리가 성경을 읽으면서 착각하면 안 되는 것은 이 선포는 다윗의 선포가 아니라 다윗의 목소리를 빌린 하나님의 선포였습니다. 얼마나 크고 위엄 있으며 당당한지를 짐작합니다.

"여러분 기뻐하십시오."

라고 말하면 어떤 분은

"몸이 아파요."

"금전의 문제로 인하여 힘들어요."

"앞으로 일에 대해 걱정이 많아요."

"왜 나에게만 이런 일이 생길까요?"

"기뻐할 일이 없어요. 무엇이 기쁜가요?"

이렇게 말할지도 모릅니다. 참된 기쁨은 자신의 상황을 보고 기뻐하는 것이 아닙니다. 내 안에 살아계신 하나님을 바라보고 기뻐하는 것입니다. 만일 주변으로부터의 기쁨을 찾지 않고 하나님과 만남의 기쁨을 누렸다면 어떠했을까요? 위로받을 수 있고 관심받을 수 있는 곳에서 방향을 바꾸십시오. 사람은 한계가 있습니다. 때론 배신하고 실망도 일으킵니다. 그러나 하나님에게서 나오는 위로를 얻기를 원한다면 한계가 없습니다. 하나님께 가까이 갈수록 하나님께서도 다가옴을 깨닫게 됩니다. 하나님의 사역을 하고 있으니 하나님께 가까이 있는 착각에서 벗어나야 합니다. 삶이 하나님이 기뻐함 가운데 있는가를 확인하는 것입니다. 교회에서 목회하거나 사역한다고 천국이 옆에 있는 것은 아닙니다. 설교에 칭찬을 받고 여러 권의 설교집을 출간했다고 천국의 길이 열려 있는 것이 절대 아닙니다. 직분이나 직책으로 천국문이 열리는 것이 절대 아닙니다. 삶에 위선과 거짓과 교만이 숨 쉰다면 천국에서 멀어져 있음을 깨닫고 변화되어야 합니다. 요즘은 교회들이 창조질서를 많이 강조합니다. 너무 정확한 지적이고 반드시 기도 해야 하는 제목들입니다. 하나님은 남성과 여성 외에 제3의 성을 허락하지 않았습니다. 다중적인 성향의 성性도 허락한 적이 없으십니다. 상처가 만들어 낸 성을 가지고 하나님의 창조원리와 질서를 혼란케 하는 사악함을 던져야 합니다. 사단의 질서에서 세상을 어지럽히는 일이기에 반드시 이러한 내용들이 바로 잡히도록 기도하고 영적 전쟁을 해야 합니다. 또한 낙태의 경우도 생명의 주인이 하나님임을 망각한 채 태아의 생명을 좌지우지하는 일은 사회적으로나 신앙적으로 범죄일 뿐 아니라 창조질서를 파괴하는 일입니다. 낙태에 대해 믿음의 사람들이 앞장서서 기도하는 일이 반드시 필요합니다. 그러나 안타까움은 창조질서에 대해 부지런히 기도하는 교회와 단체가 오히려 눈에 보이지 않는 창조질서를 파괴하고 있습니다. 교회의 세습문제, 교회의 인사와 행정 문제, 교회 내의 금전 문제, 방만한 줄서기 문화, 교회에 절대 있어서는 안 되는 성(性)의 문제도 발생하고 있습니다. 교회가 창조질서를 말하기 전에 교회 안에서 창조질서와 원리가 바르게 진행되어야 할 것입니다. 인간적으로 친분이 있고 지연 관계에 있다고 해서 문제가 있음에도 불구하고 교회 내에서 계속적으로 중요 자리를 차지하고 있다는 것은 최고의 불순종이며 교회가 세상화가 되었다는 증거입니다. 이런 문제들 앞에 '하나님이 기뻐하실까?'를 묵상한다면 교회는 새롭게 변해야 합니다.

"줄을 잘 서야 한다. 어느 줄을 택할까?"

이렇게 말하며 목회자이든 일반 신자이든 실제 줄서기에 능한 사람들이 교회에서 소위 '잘 나가는 것'을 봅니다. 줄을 잘 선 사람이 설교의 자리에 서고, 중요 직책을 얻고, 이름나는 자리에서 다른 사람들을 평가하는 리더십이 되는 것을 충분히 구경합니다. 단언컨대 이러한 예들은 그렇게 사모하는 창조질서를 교회가 모순되게 스스로 앞장서서 파괴하고 있는 일이 됩니다. 그러면서 창조질서를 이야기하는 것은 하나님의 마음을 분노케 하는 일입니다.

천국은 믿음으로, 특히 거듭난 믿음으로 가는 것입니다. 거듭나면 하나님이 기뻐하시는 삶이 따라옵니다. 인간의 권력 라인이 아니라 예수 그리스도의 믿음이 살길 임을 깨달아야 합니다. 예수님이 길이 될 때 하나님이 싫어하는 삶을 과감히 버립니다. 하나님의 사역을 하는 것은 하나님의 은혜에 감사하고 하나님을 기쁨으로 여기는 사람이 하는 일입니다. 목회자나 선교사님들이 소중하고 귀한 사역을 하는 분이지만 그 사역이 구원으로 이끄는 것도 아니고 그 사역이 하나님께 "옳다" 함을 입는 것이 아닙니다. 반드시 믿음 안에서의 삶이 하나님의 기쁨이 되고 성령충만이 되는 것입니다.

성령 충만의 개념을 내 안에 가득 찬 성령으로 상상합니다. 틀린 답은 아니지만 온전한 정답도 아닙니다. 성령 충만은 오히려 우리가 성령 안에서 사는 것입니다. 나보다 더 크신 성령님 안에 있을 때 성령 충만이라는 단어가 합당합니다. 내 안에 성령님이 계시다는 것은 내가 성령님 안에 있을 때 가능한 것입니다.

성령충만이라는 단어를 사용하기 위해 나의 태도와 생각은 성령님께 사로잡혀 있어야 하는 가능한 것입니다. 마음대로 살다가 힘들면 찾아오고, 자신만의 유익을 위해 온갖 불평을 다 드러내면서 성령 충만을 위해 기도한다는 것은 어불성설語不成說입니다. 이런 의미가 될 수 있습니다. 자동자 운전석에서 음주운전 검사를 당할 때 이런 말을 합니다.

"술은 마셨지만 음주 운전은 절대 하지 않았다."

하나님의 능력을 이용하여 세상의 이치나 원리와 진리를 바꾸려고 기도하지 말아야 합니다. 중력은 지구에 존재하는 하나님의 은혜의 힘입니다. 그러나 중력이 없어지기를 기도하는 것은 어리석은 짓이며 기도해야 할 것을 잃어버린 것입니다. 예수님이 가신 길을 따르는 것이 믿음의 사람들이 가야 할 길입니다. 거듭나면 바르게 기도할 수 있습니다.

2016년, 실버타운의 교회에서 섬길 때 일입니다. 2월 어느 날 2박 3일로 피정을 다녀온 적이 있습니다. 지인 분의 도움으로 묵을 수 있는 숙소를 구했습니다. 사역을 마치고 출발하다 보니 숙소에 도착해서 짐을 풀고 정리를 마치는 시각이 밤 10시가 넘었습니다. 샤워를 위해 온수 버튼을 눌렀는데 이상하게도 보일러 스위치에서 반복해서 에러 메시지가 뜨는 것입니다. 몇 번을 반복해도 메시지는 동일했습니다. 그때 이런 생각이 들었습니다.

'나 목사잖아!', '기도해야 하는 사람이잖아.'

그 순간 기도하기로 마음먹으며 약간의 욕심이 났습니다.

'예수님의 이름으로 기도하여 보일러를 고쳐야겠다.'

늦은 시간이라 건물을 관리하시는 분을 깨울 수도 없었고 샤워는 하고 자야겠기에 제일 좋은 정답은 기도라고 생각했습니다. 그리고 손을 온수 스위치에 대고 말했습니다.

"나사렛 예수 그리스도의 이름으로 명하노니 보일러는 정상으로 작동될지어다."

그리고 기대감으로 손을 서서히 떼어서 보일러 스위치의 ON 버튼을 누릅니다. 그러나 충분히 예상하셨듯이 '혹시나'가 '역시나'였습니다. 보일러 스위치는 5초를 넘기지 못하고 에러 메시지를 보내왔습니다.

"기도는 한 번에 안 될 수 있지! 다시."

하면서 보일러가 작동되기를 바랐습니다.

"나사렛 예수 그리스도의 이름으로 명하노니 보일러는 정상으로 작동될지어다."

아마도 20분 정도는 보일러와 이렇게 싸운 것 같았습니다. 도저히 방법을 찾을 수 없어서 간단한 세면으로 마치기로 하고 잠자리에 들었습니다. 그렇게 하루를 넘기며 아침 일찍 눈을 떴습니다. 그런데 제일 먼저 머리를 스치는 것은 보일러였습니다.

'보일러 어찌하나?'

하고 고민 중에 어제 낮에 통화할 때 집사님이 말씀하신 통화 내용이 떠올랐습니다.

"3층은 이번 주 금요일 저녁에나 입실한다고 하니 윗 층에는 아무도 없을 거예요."

그래서 용기를 내서 3층으로 올라가 보았습니다. 들은 대로 아무도 없었습니다. 그리고 눈에 들어온 것은 입구 신발장 위에 올려진 3층 열쇠카드였습니다. 키를 이용해서 문을 열고 보니 역시 아무도 없고 입실 흔적도 없었습니다. 그다음 생각은 3층의 보일러였습니다.

'3층 보일러는 작동이 되나?'

하는 생각이었습니다. 샤워실에 들어가서 수도꼭지를 온수에 놓고 올렸습니다. 물줄기가 거세게 쏟아졌습니다. 그리고 잠시 후 물에서 김이 나면서 뜨거운 물이 기다렸다는 듯 저를 반겼습니다. 샤워 도구를 챙겨서 3층으로 다시 올라와서 샤워를 하면서 머리는 회개를 시작했습니다.

'나의 기도가 방향을 잃었구나!'

욕심과 피곤으로 인해 잘못된 기도를 하고 있었음을 깨달았습니다. 어제의 바른 기도는 고장 난 보일러가 기도로 요술처럼 고쳐지기를 바라는 것이 아니라

"하나님!! 이 저녁 샤워할 수 있는 환경을 허락해 주십시오."

라는 기도였습니다. 그렇게 샤워를 마치고 아침에 전화 드려 관리인에게 2층의 보일러를 수리하게 부탁을 드렸습니다.

때로는 기도의 잘못된 방향을 붙잡고 기대하며 실패했다고

여기고 좌절과 낙망의 시간으로 주변 분위기를 어지럽힐 때가 많습니다. 길이 없다고 단정한 채 비교와 불평으로 시간을 낭비합니다. 그러나 나의 기도가 실패했다고 하나님이 실패한 것이 아니라는 것입니다. 끝난 것이 아니라는 것입니다. 끝이 보일 때 할 수 있는 일은 길을 찾는 것입니다. 하나님이 기뻐하시는 길을 발견하는 것입니다. 바른 기도의 길을 찾아 나서는 것입니다. 그 길은 편하거나 쉬운 길이 아닙니다.

"나는 왜 이렇게 살아야 하나?"

라고 고백할 정도의 가시밭길일 수도 있습니다. 그러나 그 길의 마지막 장소에 기다릴 하나님의 영광을 보면 그 길은 기쁨으로 걷는 것입니다.

두려움과 지난날의 경험들이 기도를 가로막습니다. 험악한 세월과 힘든 관계들과 앞일에 대한 근심이 더 나아가야 할 길을 막아 세웁니다. 그러나 그리스도인은 예수님과 동행하는 사람이기에 가로막힌 길을 돌파해야 할 뿐 아니라 그 길로 가는 것입니다.

2. 회복은 예수 그리스도의 길입니다

　사도 바울은 '오직 예수'를 강조합니다. 데살로니가교회의 중심에 바로 '다시 오실 예수 그리스도'가 있었습니다. 데살로니가서의 주제는 '소망'입니다. 재림을 기다리는 그리스도인, 그래서 고통도 이깁니다. 로마의 핍박도 이겨냅니다. 그들의 가슴에는 '오직 예수'가 살아있습니다. 여러분에게는 어떤 간증이 있습니까?

　간증은 고난을 이기고 하나님의 영광을 맛본 것을 말합니다. 교회 일을 많이 하고 사업으로 성공하고 큰 집에 살고 교회를 부흥시키고 교회에서 높은 자리를 얻은 것이 아닙니다. 간증은 용서에서 나옵니다. 간증은 성경을 통독하는 힘에서 나옵니다. 간증은 무릎 꿇고 기도하는 힘에서 나옵니다.

　데살로니가교회에 이런 간증들이 많이 생깁니다. 바울은 한 마디로 정리했는데 바로 우상을 버리게 된 일입니다.

　그들이 우리에 대하여 스스로 말하기를 우리가 어떻게 너희 가운데에 들어갔는지와 너희가 어떻게 우상을 버

리고 하나님께로 돌아와서 살아 계시고 참되신 하나님
을 섬기는지와 (데살로니가전서 1:9)

성경에는 '버리다'라는 말로 번역이 되었지만 버리고 안 버리고 이런 것이 아닙니다. 왜냐 하면 우상은 손에 잡히는 것이 아닙니다. 사실은 내가 만든 것입니다. 내 눈을 통한 기쁨이 많습니다. 육체가 느끼는 기쁨입니다. 식욕과 정욕이 생깁니다. 정욕이 더 가면 색욕이 됩니다. 탐욕이 점점 심해지면 중독이 되고 죄를 만들고 신경 쇠약이 찾아옵니다. 결국 자신이 만든 기쁨의 원천은 '신경 쇠약'이 되고 맙니다. 참된 기쁨이란 하나님의 영광을 맛보아야 합니다. 상담하다 보면 상담받기 위해 오신 분이 이렇게 묻습니다.

"어느 길로 가야 할까요?"

사실 정답을 알고 있습니다. 하나님이 기뻐하는 길이 무엇인지 아는 것입니다. 기도의 제목들을 살펴보면 답을 구하려고, 허락을 받으려고 하나님을 찾는 것이 아닙니다. 이런 잘못된 신앙의 태도에서 벗어나야 합니다. 참된 위로, 참된 회복은 기도의 자리에서 탐욕과 정욕과 사람의 기쁨을 내리고 성령의 위로 안에서 하나님이 기뻐하실 마음을 찾아가는 것입니다. 이것이 더함 없는 위로와 더함 없는 치유가 되는 것입니다. 아프고 쉽지 않고 인내가 필요하며 의지가 필요한 행동임은 분명합니다. 그러나 예수님은 걸어야 하는 길이 좁은 길이라는 것을 깨달아 하나님의 기쁨 안으로 들어가셨습니다. 그렇기 때문에 십자가는 능력이 되고 십자가는 참 위로가 됩니다. 예수님의 이름은 상황을 바꾸고 틀을 변화시키는 능력입니다. 예수님은 무엇이 필요한지 정확하게 아시는 분입니다. 좁은 길의 능력으로 십자가를 지셨기 때문에 그 능력과 영광은 참되십니다.

어느 날 갑상선에 암이 있어 병원 진료를 마치고 수술 전에 기도를 받기 위해 찾아오신 성도님이 계셨습니다. 예배당에서 중보하는 분들과 함께 모여 기도했습니다. 그러나 예수님이 원하시는 것은 갑상선의 회복을 원하시지 않고 마음을 만지셨습니다. 기도받으러 오신 성도님의 어린 시절을 밝혀주시며 어린아이 때 받았던 상처를 보듬어주시며 회복되길 원하셨습니다. 치유에 대한 기도보다도 위로와 심령의 회복을 위해 중보했던 일이 기억납니다.

십자가의 능력은 우리가 상상하는 그 이상이며 예수 그리스도를 인정하며 감사하게 됩니다. 회복을 원한다면 책에서 배우는 심리학의 원리들을 따라가는 신앙인이 아니라 성령충만하여 성경적으로 예수님 만나기를 소망해야 합니다. 예수님이시기 때문에 지금 우리 안에 아픔과 상처가 어떤 것인지를 분명히 알고 계십니다. 그래서 우리의 길은 낙망과 좌절의 길로 가는 것이 아니라 예수님의 길로 나아가야 합니다. 예수님을 전적으로 찾고 만나고 구해야 합니다. 회복은 예수 그리스도의 길입니다.

3. 내 자랑이냐 하나님의 영광이냐

우상은 그곳에서 뒤돌아서야 합니다. 이 구절은 한 번에 읽어야 합니다.

우상에서 돌아서서 하나님께로 돌아오다. (살전 1:9b)

신앙은 하나님께 돌아오는 것입니다. '돌아오다.'라는 의미는 '몸을 돌리다, 주목하다'의 의미입니다. 스스로 기쁨을 만들었던 것에서 하나님을 주목해야 합니다. 앞의 내용에서도 살펴보았지만 데살로니가전서 1:9의 핵심은 예수님을 믿게 된 데살로니가교회의 변화를 말합니다.

그들이 우리에 대하여 스스로 말하기를 우리가 어떻게 너희 가운데에 들어갔는지와 너희가 어떻게 우상을 버리고 하나님께로 돌아와서 살아 계시고 참되신 하나님을 섬기는지와 (데살로니가전서 1:9)

변화의 시작은 '돌아섬'입니다. 두려움에서 돌아섭니다. 걱정에서 돌아섭니다. 욕망에서 돌아섭니다. 그리고 어디로 돌아갑니까? 예수님께 돌아가는 것입니다. 걱정으로 도망치는 사람이 아니라 하나님께 돌아서야 합니다. 도망은 또 다른 근심을 만듭니다. 도망은 관종(관심 종자)를 만들어 내고 다른 차원의 절망을 만듭니다. 그러나 돌아서면 예수님이 보입니다. 예수님께 돌아서야 상처가 씻겨집니다. 안타깝게도 상처를 붙들고 또다시 상처의 세계로 뛰어드는 일이 반복됩니다. 왜냐 하면 그 상처의 세계에 남는 것이 편하고 육체적인 유익이 따른다고 생각하기 때문입니다. 박수받고 관심받는 것에서 벗어나지 못합니다. 그리고 점점 하나님의 나라와는 멀어집니다.

약해지는 것이 감사한 이유는 하나님께 나아가는 상황이 집중되기 때문입니다. '나는 누구인가?'를 묵상하면서 하나님만 바라보는 사람이 됩니다. 그리고 바로

"할 수 있는 것이 아무것도 없으니까요"

라는 답이 나옵니다. 순예배에 가면 60세를 넘으신 어르신들이 질문합니다.

"목사님, 나이가 들어서 성경을 읽고 돌아서면 잊어버리고 암송하고 돌아서면 금방 잊어버려요"

그러면 제가 답을 드립니다.

"집사님, 만일 성경을 읽고 기억이 잘 되고 암송했는데 전혀 잊어버리지 않으면 빨리 큰 병원에 가보셔야 합니다. 나이가

들어가면서 안 보이고 안 들리는 것은 하나님만 보고 하나님의 말씀만 들으라는 은혜입니다."

하나님이 하시도록 내어드리는 교회가 부흥하는 것입니다.

하나님이 하시도록 내어드리는 인생이 건강해집니다.

하나님이 하시도록 내어드리는 사업이 인도함을 받습니다.

하나님이 하시도록 내어드리는 자녀들이 복이 됩니다.

인간에게 기준을 두면 잘못되는 일이 많지만 하나님께 기준을 두면 복입니다. 가장 멋진 것이고 최고가 되는 것입니다.

라디오에서 극동방송을 들을 때 처음에는 재미도, 흥미도 없었습니다. 내가 하는 말이 중요하고 내가 경험한 하나님이 중요하다고 생각했습니다. 당시만 해도 교만함이 가득했습니다. 10년 동안 직장 생활을 하다가 목회자가 되고 보니 나의 경험이 앞설 때가 많았습니다. 성경으로 설교는 하지만 내 생각의 기준은 세상의 가치관에 있을 때가 많았고 내가 아는 것이 정답이라고 여겼습니다. 그러다가 극동방송에서 목사님들의 설교가 들리면 그 설교는 돌아봄과 수용의 대상이 아니라 비판과 정죄의 대상이며 신학적인 비판으로 투덜거리다가 결국에는 일반방송 주파수로 돌려 버리기 일쑤였습니다. 그리고 가급적 차 안에서는 일반 방송 주파수를 맞추고 그것으로 즐거움을 선사 받고 웃고 마음을 달랬습니다.

그런데 점점 내 안에 가난함과 갈급함이 전해졌습니다. 내가 할 말을 찾기 위해서 또는 설교 준비를 위해서 듣고 읽는 자료가 아니라 하나님을 만나기 위한 도구들로 변화가 되어갔습니다. 강의는 듣는 사람들을 위한 강의가 아니라 나 자신에게 하고 싶은 말로 풀어질 때가 많게 되었습니다. 이렇게 나를 낮추게 되니 예수님이 보이기 시작했습니다. 하나님을 주목하니 하나님을 볼 수밖에 없는 일이 생기게 되고 그 일들을 해결해 주시는 하나님을 경험하게 되었습니다. 결국은 이런 고백만 남습니다.

"하나님이 하셨구나. 하나님은 진짜로 살아계시는구나. 하나님을 말씀을 사모하면 이런 일이 생기는구나."

지금은 차 안 라디오의 모든 주파수 번호키가 극동방송으로 되었습니다. 아파도 성경을 읽으면 힘이 생겼습니다. 이런 것이 하나님께 기준을 둘 때 생기는 부흥이었습니다. 걱정한다고 일이 잘되는 것이 아니었습니다. 반드시 기도해야 됩니다. 기대가 아닙니다. 기도입니다. 기대는 내가 바라는 대로 변화되는 마음가짐이지만 기도는 하나님이 하실 것을 소망하며 정답을 발견하는 것입니다. 하나님이 기도하게 하셨으니 하나님이 원하시는 기도를 하는 것이 신자의 도리가 되며 결국에는 하나님이 기도를 이루십니다.

> 또 죽은 자들 가운데서 다시 살리신 그의 아들이 하늘
> 로부터 강림하실 것을 너희가 어떻게 기다리는지를 말
> 하니 이는 장래의 노하심에서 우리를 건지시는 예수시
> 니라 (데살로니가전서 1:10)

그런데 놀라운 것은 예수님만을 살리신 것이 아니라는 것입
니다. 하나님은 예수님을 통해서 우리를 살리신 분입니다.
"저 하나님 경험 많이 했는데요."
라는 말은 열 손가락 중에 겨우 하나 정도 경험한 것입니다.
예수님도 무엇이 참 기쁨이 되는지 정확하게 말씀하십니다. 기
도 응답의 유·무로 기쁨을 찾지 말고 우리의 자격과 신분이
변화됨으로 기뻐하도록 말씀하십니다.

> 그러나 귀신들이 너희에게 항복하는 것으로 기뻐하지
> 말고 너희 이름이 하늘에 기록된 것으로 기뻐하라 하시
> 니라 (누가복음 10:20)

하나님은 예수님을 통해 우리를 구원하신 분입니다. 우리의
신앙의 목적은 무엇입니까? 구원입니다. 구원이 확실해지면 모
든 것이 응답이 됩니다. 위로가 자동으로 품어집니다. 그런데
구원보다 기도가 먼저 확실해지길 원하면 모든 것이 불확실해

집니다. 기도는 종교의 기초이지만 기독교의 기초는 기도가 아닙니다. 기독교의 기초는 예수님이며 구원입니다. 구원의 확신이 있어야 하나님께 드리는 기도가 가능합니다. 참된 위로가 시작됩니다. 기도로 소통하는 분이 하나님이기 때문에 기도가 가능한 것입니다.

그런데 그 하나님이 우리를 살리기 위해 힘쓰신다는 것입니다. 이것을 믿는 것이 믿음이고 구원입니다. 그래서 기도가 가능해집니다. 성도의 일은 다시 오실 예수님을 기다리는 것입니다. 그래서 고민이나 우울 속에서 살아가는 것이 아닌 성령 안에서 믿음으로 나아가는 것, 이것이 바로 구원의 확신입니다. 믿음 안에서 '오직 믿음'의 삶이 천국으로 인도합니다. 부활하신 예수님을 믿고 부활의 능력을 경험해야 합니다. 우리는 이땅에 사는 것이 목적이 아닙니다. 하늘에 목적을 두고 하나님의 시선을 바라며 사는 것입니다. 사도 바울이 데살로니가에 있는 교회 성도들에게 강조한 내용입니다.

지금 예수님이 오시면 천국 갈 수 있다고 확신한다면 당장 죽어도 천국 가는 것입니다. 단순히 '예수 믿으니까 천국 가겠지?'라는 생각은 위험하며 이것을 믿음으로 포장해서는 안 됩니다.

"나 이런 것하고, 저런 것하고, 교회 봉사에 충실하고, 방언도 하고, 긍휼 사역도 나름대로 많이 했으니 천국 가겠지?"라는 위험성을 버려야 합니다. 천국은 이런 것으로 가는 것이 아니기 때문입니다. 이러면 천국 가기 어려울 수 있습니다. 더불어 이렇게도 질문합니다.

"예수만 믿으면 천국 간다니까 죽을 즈음에 예수 믿겠습니다"

틀린 주장은 아니지만 한 가지 오해하고 있는 영역이 있습니다. 어떤 분은 죽을 때를 모르니 맘대로 안된다고도 답하기도 합니다. 하지만 이 보다 더 바른 답은 믿음이 내가 "믿고 싶다"라고 되는 영역이 아니라는 것입니다. 믿음은 은혜요 하나님의 선물입니다.

너희는 그 은혜에 의하여 믿음으로 말미암아 구원을 받았으니 이것은 너희에게서 난 것이 아니요 하나님의 선물이라 (에베소서 2:8)

한번 거부된 구원의 선물을 다시 받기란 쉽지 않습니다. 마음에 믿고 싶다고 믿어지는 것이 아닙니다. 내가 믿기로 결단했다고 믿어지는 것도 아닙니다. 믿음의 기회가 찾아올 때 겸손한 마음으로 구원의 선물을 받아야 합니다. 다시는

"죽을 때가 되면 믿겠다."

라는 망언은 하지 말아야 합니다. 또한

"네 십자가를 지라"

이것은 고난을 지라는 것이 아닙니다. 이것이 바로 믿음입니다. 우리가 짊어져야 할 십자가는 믿음입니다. 믿음을 확실히 하면 천국이 가까워집니다. '나 언제 죽을까?'를 걱정하는 것이 아닙니다. '내 병 나을까?'를 바라는 것이 아닙니다. 하나님 앞에 믿음으로 살아가겠다는 결단이 십자가입니다. 그때 십자가의 능력이 주어집니다. 담대하게 오늘도 기도의 힘으로 살아가는 것이 바로 십자가이며 하나님은 바로 이 십자가를 기억하십니다. 구원의 능력으로 찾아오시는 예수님을 구해야 합니다. 구원이 능력이고 구원이신 예수님의 능력이 부어지는 것입니다.

"예수 능력 내 능력"

위로의 시작이 됩니다. 우울을 치유하는 시작이 됩니다. 치유의 능력이 역사하고 부흥의 능력이 되고 담대함의 능력이 되고 모든 것을 이기는 능력이 되는 것입니다.

4. 에스더 보다 모르드개

　성경 에스더서에 모르드개라는 인물이 등장합니다. 모르드개는 성경 속에서 특별하게 관심을 가질만한 이름은 안됩니다. 오히려 에스더가 더 집중을 받습니다. 에스더는 "죽으면 죽으리라(스 4:16)"라는 명대사를 소유했기 때문입니다. 그러나 성경이 조연에도 관심을 두는 이유는 모르드개가 살아온 인생이 하나님의 시선과 일치하기 때문입니다.

　겉보기에는 욕심처럼 보이고 율법을 위반한 것처럼 보이지만 모르드개의 마음은 항상 하나님의 뜻 가운데 있습니다. 에스더가 왕비가 되었지만 왕비의 덕을 보려는 경우는 없었습니다. 왕비의 친인적으로 정치에 참여할 만 하지만 에스더가 왕비가 된 이유를 다른 데서 찾는 것을 볼 수 있습니다. 위로는 모르드개와 같은 순전한 마음으로 하나님 앞에 설 때 믿음이 되는 것입니다. 왕의 들보를 논하지 않습니다. 하만의 들보를 논하지 않습니다. 오직 하나님의 도우심을 기다리며 신앙적으로 할 일을 다 하는 것입니다.

　이유를 모르는 은혜들입니다. 그러나 예수님께서 말씀 속에서 은혜에 대한 힌트를 주셨습니다. 세상은 흔히 이것을 보상이라고 이야기를 하지만 성경적으로 철저하게 하나님의 사랑이며 하나님의 은혜입니다.

> 이에 의인들이 대답하여 이르되 주여 우리가 어느 때에 주께서 주리신 것을 보고 음식을 대접하였으며 목마르신 것을 보고 마시게 하였나이까 어느 때에 나그네 되신 것을 보고 영접하였으며 헐벗으신 것을 보고 옷 입혔나이까 어느 때에 병드신 것이나 옥에 갇히신 것을 보고 가서 뵈었나이까 하리니 임금이 대답하여 이르시되 내가 진실로 너희에게 이르노니 너희가 여기 내 형제 중에 지극히 작은 자 하나에게 한 것이 곧 내게 한 것이니라 하시고 (마 25:37~40)

의인들은 이유를 몰랐습니다. 그러나 예수님은 기억하셨습니다.

"작은 자에게 한 것이 내게 한 것이다"

라는 말씀으로 결론을 내어주십니다. 하나님께서 편들어 주는 사람은 무조건적이고 예정적이고 갑작스럽게 편들어 주는 것이 아닙니다. 이미 무조건적인 사랑으로 십자가에서 독생자를 우리에게 주셨습니다.

눈에 보이는 것을 원하는 사람들은 눈에 보이지 않는 구원의 감격을 깨닫지 못하고 있습니다. 구원의 감격을 누리며 말씀대로 살아간다면 하나님은 영원한 내 편이 되십니다. 그런데 중요한 부분은 하나님의 편이 되기 위해 먼저 자신 안에 있는 들보를 볼 수 있는 사람이어야 합니다. 용서의 시작도, 위로의 시작도 들보에서 시작됩니다. 하나님께 상황을 맡긴 사람은 상대의 들보로 인해 비교당하지 않습니다. 예수님은 산상수훈에서 말씀하십니다.

> 어찌하여 형제의 눈 속에 있는 티는 보고 네 눈 속에 있는 들보는 깨닫지 못하느냐 보라 네 눈 속에 들보가 있는데 어찌하여 형제에게 말하기를 나로 네 눈 속에 있는 티를 빼게 하라 하겠느냐 (마태복음 7:3~4)

자신의 들보를 발견하는 사람은 그 들보의 크기가 티 정도밖에 되지 않지만 여전히 상대의 '티'를 보고 '들보'라고 여기는 사람은 분명 자신 안에 수없이 존재하는 들보를 발견해야 합니다. 들보를 들고서는 천국에 입성하기 어렵기 때문입니다. 들보를 믿음으로 지워내고 하나님의 자비 안에서 형제를 사랑하고 품었던 욕심을 내려놓아야 합니다. 때로는 들보가 상처의 원인이 됩니다. 참 안타까운 것은 '끼리끼리' 그리고 '유유상

종'이라고 들보를 들고 있는 사람끼리 서로의 들보를 감추느라 서로의 들보가 티로 보이도록 술수를 쓰는 일에 죄를 범하고 있습니다.

> 무릇 나는 내 죄과를 아오니 내 죄가 항상 내 앞에 있나이다 내가 주께만 범죄하여 주의 목전에 악을 행하였사오니 주께서 말씀하실 때에 의로우시다 하고 주께서 심판하실 때에 순전하시다 하리이다 (시편 51:3~4)

위의 시편은 다윗이 밧세바와 범죄 후 지은 시라고 알려져 있습니다. 죄를 깨닫고 다른 사람의 들보를 발견하려고 애쓰는 현대 세상하고는 차이가 나는 부분입니다. 우리는 죄악이나 그 마음에 품었던 악한 마음을 버리기 위해 싸우지 않습니다. 오히려 그 마음을 지키려고 사단의 유혹 속에서 살아갑니다. 이것이 상대에게나 자신에게 우울이 되고 공황장애를 일으키며 심하게는 조현증까지 찾아와 문을 두드리게 합니다. 그러나 다윗은 고백합니다.

"내 죄과를 내가 아오니 죄가 항상에 내 앞에 있습니다"

우리는 자신의 잘못을 덮으려고 애쓰며 오히려 그 죄과를 남에게 뒤집어 쓰운 채

"불편하다"

"같이 가기 힘들다"

"내 뜻대로 안 하려 한다"

라는 주관적인 핑계로 상대를 죄로 옭아매며 죄가 있는 듯 뒤집어 씌웁니다. 자신이 한 행동은 잊은 채 다른 사람의 티끌을 찾으려고 애씁니다. 바로 알 것은 이 마음을 품은 사람이 지옥에 가깝다는 것을 깨달아야 합니다. 우울증세를 느끼지 못하지만 진짜 우울증 환자입니다. 공황증세를 못 느끼지만 교만과 관심종자입니다. 이런 일을 당한 자라면 상대방의 발칙함에 마음을 두지 말아야 합니다. 보통은 육신의 아버지로부터 상처를 많이 입고 가족 간에 원수 같은 존재가 됩니다. 그러나 육신의 아버지도 아버지가 처음일 뿐 아니라 역시 '상처 입은 자'라는 점을 묵상하며 우리의 눈은 영적인 하나님 아버지로 위로를 받으며 치유되고 회복되길 기대해야 합니다. 나와 독대가 필요한 분은 하나님임을 마음에 두고 그 마음을 온전히 하나님께 드려야 합니다. 다윗의 시편에서 또 마음의 위로 얻을 수 있습니다.

내가 여호와께 간구하매 내게 응답하시고 내 모든 두려움에서 나를 건지셨도다 그들이 주를 앙망하고 광채를 내었으니 그들의 얼굴은 부끄럽지 아니하리로다 이 곤

고한 자가 부르짖으매 여호와께서 들으시고 그의 모든
환난에서 구원하셨도다 (시편 34:4~6)

이제 모르드개로 다시 돌아갈 볼까요. 왕비에게
"죽으면 죽으리라"
는 고백을 들은 모르드개의 태도입니다,

모르드개가 가서 에스더가 명령한 대로 다 행하니라

(에스더 4:17)

모르드개는 왕비 에스더에게만 모든 것을 맡긴 것이 아닙니
다. 에스더가 명령한 금식에 동참하며 하나님을 바라봅니다.

유다인을 다 모으고 나를 위하여 금식하되 밤낮 삼 일
을 먹지도 말고 마시지도 마소서 (에스더 4:16a)

요행을 바라는 기도가 아니었습니다. 자신의 처지를 불쌍히
보이기 위한 조치도 아닙니다. 오직 살길이 여호와 밖에 없음
을 알기에 하나님을 찾으며 하나님만 바라는 마음입니다.
우울의 치유는 자신의 마음에서 시작됩니다. 모르드개가 하
늘을 향한 금식으로 마음의 어둠을 몰아내기 시작하며 우울도
지워집니다. 하나님이 기뻐함 안으로 들어가는 것입니다. 예배

의 자리를 찾아 나서고 하나님께 맡기는 순간 우울에서 벗어나게 됩니다. 상황에 몰입되고 상황에 흔들리면 우울을 벗어날 수 없습니다.

IV

진리, 더 레위기 속으로

1. 상처 치유 방법은 오직 '예배'

 레위기를 살펴보면서 묵상해야 할 부분은 제사 방법이 아닙니다. 하나님의 속성입니다. 하나님은 지키기도 힘든 복잡한 율법을 이스라엘 세대 가운데 주셨을까요? 어떻게 하여 레위기가 이스라엘 민족의 율법이 아닌 모든 믿는 이들의 율법이 되었는가에 대한 질문이 생깁니다, 그러나 다음 하나만은 믿습니다.

 "하나님은 절대 불필요한 것을 주시는 분은 아닙니다."

 레위기는 우리의 신앙에 반드시 필요하며 신앙을 신앙답게 만드는 기준이 됩니다. 레위기는 제사를 통해 예수 그리스도의 죽으심이 온 인류의 죄사함을 위한 죽음이라는 것을 드러냅니다. 또한 하나님의 속성을 가장 잘 따라갈 수 있는 책이 바로 레위기입니다. 레위기는 두렵고 귀찮고 어려운 책이 아니라 쉽고 단순하고 하나님을 만날 수 있는 하나님의 말씀인 것입니다.

 태초에 하나님이 천지를 창조하시니라 (창1:1)

이 말씀이 삶에 무슨 도움이 되겠습니까? 그러나 이 말씀은 우리의 시작이 됩니다. 신앙의 시작이요. 인생의 시작이요. 삼위일체 하나님을 믿는 믿음의 시작되는 것입니다. 그래서 창세기 1장 1절의 구절이 중요하며 이 구절을 믿는 믿음이 성경 66권 전체 말씀을 믿기 시작하는 것입니다. 어떤 이들은 성경을 자꾸 이해하려고 합니다. 하지만 성경은 과학적 증명이나 이해의 책이 아닙니다. 성경은 살아가는 책입니다. 이해되어서 순종하는 것이 아니라 순종해서 이해되는 책입니다. 지금 당장 죽을 만큼의 위기가 찾아올지라도 성경을 높이 드는 순간 숨 쉴 틈이 생깁니다.

"지금 당장 성경을 들고 이해하려고 하지 말고 읽으시오"

세상은 믿는 자에게 질문합니다.

"왜? 하나님을 믿는데 잘못되어 가는가?"

"왜? 하나님을 믿는 사람들이 고통받는가?"

"왜? 하나님을 믿는 이들이 슬픔 속에 사는가?"

물론 이렇게 사는 것은 성경적인 것은 아닙니다. 하나님의 말씀은 "늘 감사하라", "기뻐하라"라고 말합니다.

주 안에서 항상 기뻐하라 내가 다시 말하노니 항상 기뻐하라 (빌4:4)

그래서 우리는 환경에 지배 속에 사는 아니라 하박국의 고백처럼 밭에 먹을 것에 좌우하지 않고, 외양간의 소의 숫자에 여념 하지 않고 오직 하나님이 중심이 되는 것입니다. 하박국의 마음을 하박국 3장 16절에서 더욱 알 수 있습니다.

> 무리가 우리를 치러 올라오는 환난 날을 내가 기다리므로 썩이는 것이 내 뼈에 들어왔으며 내 몸은 내 처소에서 떨리는도다 (하박국 3:16b)

환난 날을 내가 기다린다고 고백합니다. 환난 날이란 이스라엘에 환난 날이 임하는 것이 아니라 바벨론에 임하는 것입니다. 이것을 확신하며 하나님을 기다리는 것입니다. 그러면서 깨닫습니다. '의인에게 오직 믿음이구나'하는 것을 확신하게 됩니다. 아마도 하박국은 믿음에 대한 비밀을 깨닫고 하박국 3장의 고백을 통해 하나님과의 다툼이 아니라 하나님에 대한 믿음만이 살길임을 천명(闡明)합니다. 일어나지도 않을 바벨론의 패망을 눈으로 보며 선포합니다.

> "우리를 침략한 백성이 재난당할 날을 참고 기다리겠다" (새번역성경 하박국3:16b)

'기다린다'는 단어의 히브리어 원어의 의미는 '휴식하다.',

'쉬다.' 이지만 이 단어의 용법에는 군사적 용법이 수반됩니다. 군사적 용법은 이스라엘의 원수들을 전멸시키며 패망하게 하고 이스라엘에게 가나안에서의 평안과 승리와 안전함을 주시겠다는 하나님의 약속을 드러내는 의미의 단어입니다. 이런 뜻에서 하박국은 '누아흐'라는 단어를 사용하므로 전적으로 하나님께 맡기고 의지하는 믿음을 보입니다. 그러니 지금 상황이 어찌 되든 눈으로 보이는 상황의 중요성을 떠나 하나님의 구원됨을 찬양합니다. 외양간과 포도나무에 마음을 두지 않고 하나님의 일하심을 신뢰하기로 작정합니다. "의인은 그의 믿음으로 살리라"하는 의미를 완전히 깨닫고 그 삶을 누리고 있습니다.

> 여호와여 주는 주의 일을 이 수년 내에 부흥하게 하옵소서 이 수년 내에 나타내시옵소서 진노 중에라도 긍휼을 잊지 마옵소서 (하박국 3:2)

하박국은 오히려 하나님의 일하심을 믿고 '어서 일해 달라'고 기도합니다. 믿음은 현실에 안주하는 것이 아닙니다. 미래의 무리한 계획에 욕심내는 것도 아닙니다. 지금 자신에 주어진 일에 대하여 최선을 다하며 하나님의 인도하심에 순종하는 것입니다. 우리는 율법을 보면서 실행 여부의 가부(可否)를 따지지만 하나님은 우리에게 아들 됨을 고백하게 하십니다. 하나님은 계명에 대해 무리하게 율법으로 측정하지 않으십니다. 예수님께서 율법을 완성하러 오신 분이기에 계명과 예수님을 동일시합니다.

> 그의 계명은 이것이니 곧 그 아들 예수 그리스도의 이름을 믿고 그가 우리에게 주신 계명대로 서로 사랑할 것이니라 (요한1서 3장 23절)

우리가 구속의 기쁨, 아들 됨의 기쁨을 누린다면 율법을 보고 고민하는 것이 아니라 기쁨으로 받아들이는 것이고 주야로 묵상할 수 있는 것입니다. 그리고 그 즐거움 속에 살아갈 수 있습니다. 마음으로 하나님의 아들 됨을 고백하고 있습니까? 아니면 하나님은 기도 응답이나 해주시는 분으로 취급하십니까? 하나님은 미신이나 우상이 아닙니다. '하나님을 믿으면 잘 사는 것, 믿으면 모든 일이 술술 풀리고 고통받지 않는 것'이런 것이 하나님을 믿는 목적이 되어서는 절대 안 됩니다.

'하나님은 거룩입니다.(레19:19)', '하나님은 사랑 입니다.(요일 4:18).'그 사랑과 거룩함으로 이 땅의 삶이 온전하여 하늘나라에 들어가는 것을 목적으로 하십니다. 특히 하나님의 거룩과 사랑은 하나님 홀로 소유하는 것이 아닙니다. 하나님의 거룩을 어떻게 풀어내어야 할까요? 하나님의 거룩은 '성도를 거룩 되게 하는 거룩'입니다. 하나님의 사랑도 마찬가지입니다. 그 사랑은 홀로 가지고 계시는 것이 아니라 우리를 사랑케 합니다. 하나님의 사랑은 '성도를 사랑 되게 하는 사랑'입니다. 하나님이 주신 거룩과 사랑으로 성도가 되어야 합니다. '성도(聖徒)' 역시 인간이 결단한다고 되는 것이 아닙니다. 성도의 바른 의미는 성령에 의해 움직이는 사람입니다. 더 쉽게 이야기해서 성령 충만한 사람이 성도입니다. 성도는 성령을 따라 움직이며 성령에 의해 살아가는 사람입니다. 우상이나 철학이나 신학으로 움직이는 사람이 아닙니다.

신학이 하나님을 앞서는 것도 아니요, 철학이 하나님의 의도를 바꾸는 것도 아닙니다. 철학을 공부하며 우매한 일을 벌입니다. 철학은 함께 사는 세상을 꿈꾸며 성경을 거꾸로 보려고 합니다. 그래서 이런 말을 좋아합니다. 요즈음 흔히 쓰이는 얼리버드(Early Bird)라는 말이 있습니다. 얼리버드 시스템을 이용해서 먼저 오는 사람이나 먼저 신청하는 사람에게 혜택을 주는 제도로 사용됩니다. 속담은 '일찍 일어나는 새가 벌레를 잡아먹는다'인데 '일찍 일어나는 벌레가 잡혀 먹힌다.'로 변형시켜서 원래 의도를 바꾸려는 것이 철학입니다. 함께 사는 세상은 좋은 세상이지만 인간이 함께 사는 것이지 신과 우상이 함께 사는 세상이 아닙니다. 철학은 하나님과 우상을 자꾸 동일시하려고 합니다.

우리는 신앙을 지키는 것입니다. 머리로 이해되는 신앙은 이해되지 않는 부분에 가로막히면 절망과 부인으로 이어집니다. 신학은 이해가 필요하지만 신앙은 이해가 필요하지 않습니다. 이해된 신학이 신앙입니다. 체험으로만 쌓인 신앙은 그 체험이 끊어지고 시험이 다가오는 순간 하나님을 원망합니다. 어쩌면 머리로 이해하기 위해 온갖 행위를 실천하기도 합니다. 계획적이고, 자기중심적이고, 자기 유익적이고, 계산적이고, 경쟁적입니다.

"당신이 왕이십니다."

이런 류의 칭찬이나 격려를 받아야 속이 시원해지고 안심이 되어 사역을 합니다. 이런 식의 신앙은 결과적으로 자신의 존재에 관심을 두고 드러내게 되어있습니다. 성경은 이렇게 말합니다.

> 이와 같이 나중 된 자로서 먼저 되고 먼저 된 자로서 나중 되리라 (마태복음 20:16)

사역이 아니라 상처로 인하여 생겨난 틈을 자기의 만족으로 메우며 하나님의 영광을 이용하는 것이 됩니다. 그래서 믿는 자에게는 항상 '내려놓음'이라는 행동이 필요합니다. 문제는 잘 내려놓기도 하지만 그 반대로 '잘 내려놓음' 이상으로 '더 잘 주음'이 됩니다. 늘 반복합니다. 익숙하던 일을 내려놓는다는 것은 목숨을 내놓을 만큼의 일이 됩니다. 인기와 명예를 한순간에 날린다는 것은 존재의 부인과도 같기에 쉬울 수 없는 일입니다. 권력만 잃어버리는 것이 아니라 금전적인 문제까지도 얽혀있으니 자리를 떠나지 못합니다. '자리가 사람을 만든다'는 이야기가 있듯이 자리를 내려놓는다는 것은 자신의 삶을 부인할 정도가 됩니다. 목표와 방향을 잃어버리고 '빈 주머니'처럼 아무것도 없는 삶과 신앙이 됩니다. 심지어 상처를 받을 수도 있습니다. 그러나 바른 신앙과 삶은 천국 백성을 목표로 삼아야 합니다. 사역에 따른 권력이 아니라 사명을 목표로 신앙과 삶으로 변화되어야 합니다. 사역은 악한 그리스도인의 흔적으로서 일을 남기지만 사명은 하나님의 이름으로 함께한 선한 그리스도인을 남깁니다. 천국이 목표인지 아니면 이 세상에서 누리던 명예와 권세가 신앙을 빙자하여 삶의 목표가 되어 지옥 길을 향할지를 결정해야 합니다.

2. 상처 회복의 지름길 : 성경을 읽는다는 것

성경을 읽는다는 것에 있어서 문자나 율법이 어려운 것이 아니라 그 구절이 내게 도움이 안 되기 때문이 아닐까요? 어디에 적용할지 모르는 태도나 생각이 말씀을 걷어 치워 버립니다.

"레위기는 내 일생에 도움이 안돼?"

그리고 성경에서 어려운 책은 "레위기"라고 말합니다. 그런데 성경이 어려운 이유는 '안 읽어서'입니다. 무슨 의미의 단어인지 익숙하지 않으니 어렵습니다. 말씀대로 살기 싫으니 어렵습니다. 200번, 300번을 읽어보십시오. 성경이 우리를 살게 인도합니다.

성경을 읽으면 하나님의 마음이 이해됩니다. 그냥 뜻을 이해하는 책이 아니기 때문입니다. 마찬가지로 레위기를 통해 알게 된 예배는 드림이 아니라 직접 진지하게 참여해야 함을 알게됩니다. 그렇게 살아보겠다고 결단하고 그렇게 살아내야 진짜 예배가 되는 것입니다. 요한복음은 말합니다.

(요한복음 4:24)

예배는 내가 하는 것이 아닙니다. 성령에 의해 성령으로 드려지는 것입니다. 성령의 도움 없이 예배하는 것은 연극을 구경하는 바와 다르지 않습니다. 예배하며 회개의 눈물과 감사의 눈물이 매번 비오듯 쏟아지는 것이 예배의 모습이어야 합니다. 교회에 처음 나오거나 오랜만에 나온 분들께 이런 말을 많이 듣습니다.

"예배 내내 눈물이 흘러서 위로를 많이 받았어요"

성령이 주는 감동의 눈물입니다. 회개일 때도 있고, 위로일 때도 있고, 사랑일 때도 있고, 회복일 때도 있습니다. 아직 예배 중에 눈물을 흘린 적이 없다면 성령을 의지하여 예배함으로 감동의 눈물을 만나기를 기도하십시오.

어느 날 성령의 임재를 기다리며 기도할 때 일어나는 반응은 눈물이었습니다. 슬픔이 아닙니다. 궁금해서 물어보았습니다.

"집사님, 무슨 눈물을 그렇게 흘리세요?"

"목사님! 성령이 나와 함께 하는 것이 깨달아지니 기쁨의 눈물이 자꾸 흐릅니다. 너무 기뻐서 울었어요"

성령 안에서는 신앙이 달라집니다. 아픔이 위로로 변합니다. 고통이 감사가 되고 마음이 한 구석의 쪼개질듯한 슬픔이 넘치는 비전으로 변합니다. 특히 애통은 주님의 위로로 변하고 천국을 경험합니다.

애통하는 자는 복이 있나니 그들이 위로를 받을 것임이요 (마태복음 5:4)

성경은 내 힘으로 읽는 것이 아니라 성령의 도우심으로 독파(讀破)하는 것입니다. 말씀 한 구절 한 구절이 주는 깨달음이 즐거워지기 시작하면 '성경 읽기'가 삶이 되고 '성경 읽기의 묵상'이 자신을 변화시킵니다. 능력이 임하거나 복이 임하길 원하는 미신 같은 소망으로 읽는 것이 아니라 말씀을 통해 자신이 변하길 원한다면 온전한 그리스도인으로 기쁨과 감사가 차고 넘칠 것입니다.

3. 회복과 사랑의 서신서, 레위기

레위기가 이스라엘 백성에게는 '제사에 관련된 책'이라고 할수 있겠지만 적어도 그리스도인에게는 '하나님의 사랑'이 주제가 되는 책입니다. 실제 레위기의 3가지 주제는 거룩, 공의 사랑입니다. 하나님께서 그리스도인에게 보내는 사랑의 서신서이기도 합니다. 레위기가 어려운 이유는 율법으로만 대하기 때문입니다. 레위기는 "제사를 이렇게 드려라! 저렇게 드려라!" 명령하는 책이 아닙니다. 하나님의 사랑을 듬뿍 담아 하나님께 나아오는 길을 열어주신 것입니다. 그 사랑의 끝에 예수가 있는 것을 볼 수 있어야 합니다.

상처를 안고 있는 이유 중의 하나는 인간의 성향 때문입니다. 인간은 애초에 하나님의 사랑을 먹고 살도록 창조되었는데 아담의 범죄로 말미암아 그 사랑을 스스로 쟁취하는 습관을 갖게 되었습니다. 쟁취를 위한 습관은 자기중심의 증세를 낳게 됩니다. 자기를 먼저 생각하는 것입니다. 이런 부분을 정비하지 않으면 성경은 읽는 사람의 삶에 아무런 도움이 되지 않습니다. 하나님의 사랑을 기대하며 하나님의 원함을 마음에 두고 레위기를 읽어야 합니다.

레위기는 제사하는 방법을 기록한 문서가 아니라 제사의 참여를 기록한 책입니다. 레위기를 읽으며 어려워할 것이 아니라 '예배에 어떻게 참여할까?'를 고민하며 읽어야 합니다.

이스라엘 자손에게 말하여 이르라 너희 중에 누구든지 여호와께 예물을 드리려거든 가축 중에서 소나 양으로 예물을 드릴지니라 (레위기 1장 2절)

레위기 1장 2절에 '예물'이라는 단어가 등장합니다. 히브리어로 '코르반'입니다. 이 말은 '가까이 가다'라는 말에서 유래합니다. 가까이 가져가는 것, 다시 말해 특별히 하나님께 드리는 것을 의미합니다. '코르반'이라는 의미에는 자발적인 헌신이 반영됩니다. 즉 자신의 생계수단이나 소산물이어야 합니다. 하나님께 예물을 드린다면 헌신과 희생의 정성이 들어가야 합니다. 이런 마음으로 주님 앞으로 나갈 때 예배의 준비가 되는 것입니다.

지금도 이런 성도가 있는지 모르지만 60, 70년대 그 시절 새 옷, 새 신발을 사놓고도 교회 가는 주일 아침 처음 입고 신어서 하나님 앞에 먼저 드린 일들을 기억할 것입니다. 요즘은 이러한 일이 구태의연한 일로 비칠지라도 그 정신이나 마음은 온전한 예배의 준비가 되는 것입니다. 헌물자의 사랑과 헌신은 응당 그로 하여금 가장 좋은 것을 드리게 해야 하며 오직 이것만이 필수적이고 완벽한 희생 제사의 도덕적 순수성을 반영할 수 있습니다

또 다른 의미로 예물은 하나님에 의해 정해지며 하나님이 지정한 장소로 가져갔습니다. 하나님의 기준을 온전히 반응하느냐에 달려 있습니다. 신명기 12장은 '중앙 성소 사상'이라고도 합니다.

> 오직 너희의 하나님 여호와께서 자기의 이름을 두시려고 너희 모든 지파 중에서 택하신 곳인 그 계실 곳으로 찾아 나아가서 너희의 번제와 너희의 제물과 너희의 십일조와 너희 손의 거제와 너희의 서원제와 낙헌 예물과 너희 소와 양의 처음 난 것들을 너희는 그리로 가져다가 드리고 거기 곧 너희의 하나님 여호와 앞에서 먹고 너희의 하나님 여호와께서 너희의 손으로 수고한 일에 복 주심으로 말미암아 너희와 너희의 가족이 즐거워할지니라 (신명기 12:5~8)

가인과 아벨의 이야기도 이런 내용이 반영됩니다. 가인의 곡식이 잘못되었던 것이 아니라 가인의 행실과 준비가 잘못됨을

지적합니다. 아벨은 온전히 하나님 중심이 삶을 반영한다면 가인은 죄의 문턱에 서서 선과 악을 오가고 있음을 알 수 있습니다. [출처. 삶의 수리점(TSCP 출판) 페이지 62. 저자 조동욱]

예물이란 준비된 곡식이 아니라 준비하는 마음과 행동부터라는 사실을 인지해야 합니다. 예물이 준비되었다면 이제 예배할 준비를 마친 것입니다. 예배의 기준은 무엇일까요? 하나님께 드리기 위해 구별한 제물에 안수합니다. 드리는 사람의 의도나 마음뿐 아니라 몸속에 저장된 죄와 죄의 문제까지 그 제물에 전가(轉嫁) 됩니다. 믿음이 필요한 순간입니다. 전가(轉嫁)란 보이지 않는 영적 움직임이기에 믿음으로 새롭게 되었음을 확신해야 합니다.

이제 제물은 피를 흘립니다. 왜냐 하면 이것이 구원을 향한 하나님의 규칙이기 때문입니다.

율법을 따라 거의 모든 물건이 피로써 정결하게 되나니 피흘림이 없은즉 사함이 없느니라 (히브리서 9:22)

그러므로 우리는 예수로 말미암아 항상 찬송의 제사를 하나님께 드리자 이는 그 이름을 증언하는 입술의 열매니라 (히브리서 13:15)

이제 제물을 소개합니다. '소 나 양' 그래서 이렇게 시비할 수 있습니다.

"염소는 없는데?"

라고 질문합니다. 그런데 양으로 해석이 되었지만 좀 더 자세한 해석은 '작은 가축, 양, 염소 양떼', 더 정확하게는 '소나 작은 가축 중에서' 이런 의미입니다.

번제 또는 번제물의 의미에는 오르막길, 계단 이런 의미가 있습니다. 그래서 번제는 올라가는 것을 의미합니다. 번제를 신학적 의미를 전달하기 위해서는 '완전한 제사(물)' 'whole offering'이라고 번역하는 것이 더 나을 것입니다.

번제의 또 다른 특징 중 하나는 실제로 죽이는 것입니다. 예배자 자신에 의해 죽임을 당합니다. 좀 더 적용하자면 예배하는 사람에 의해 스스로 예배자인 자신을 죽여야 합니다. 성경은 계속 영적으로 죽을 것을 권고합니다. 죽는다는 것은 실제 죽으라는 의미가 아니지만 실제 죽는 것과 동일한 영적 체험을 요청합니다. 영적 흔적을 드러내는 죽음이어야 합니다. 죽었는데도 불구하고 살아있는 사람처럼 혈기 왕성한 분노나 계속되는 죄를 짓고 있다면 죽지 않은 것입니다. 믿음은 곧 죽음입니다. 죽지 않으면 믿는 것이 아닙니다. 살아서 활개를 치면 더더욱 믿음이 아닙니다.

예수님께서 이 땅에서 오셔서 본으로 보여 주신 것이 예배입니다. '예배는 무엇일까요?'

첫 번째, 제물이 완전해야 합니다.

두 번째, 제물이 죽어야 합니다. 여러분 날마다 예배하고 계십니까? 다시 말해서

"믿음이 완전하십니까?"

여러분의 욕심, 욕망, 자랑이 완전히 죽었습니까? 여기서 '완전하다.'는 말은 완벽하다는 능력을 말하는 것이 아닙니다. 정결을 말합니다. 흠이 없는 것을 말합니다. 로마서는 이것을 기록합니다.

> 이 세대를 본받지 말고 오직 마음을 새롭게 함으로 변화를 받아 너희 몸을 하나님이 기뻐하시는 거룩한 산 제물로 드리라 이는 너희가 드릴 영적 예배니라
>
> (로마서 12:1~2)

내 것으로 계속하려면 예배가 아닙니다. 변하지 않았다면 지금까지 수 없는 예배를 드렸지만 사실은 한 번도 예배를 지킨 것이 아닙니다. 레위기 1장 3절은 예배자의 태도에 대해 기록합니다.

> 그 예물이 소의 번제이면 흠 없는 수컷으로 회막 문에
> 서 여호와 앞에 기쁘게 받으시도록 드릴지니라
>
> (레위기1:3)

제사의 주의점을 기록합니다. 여호와 앞에 기쁘게 받으시도록 드리는 것을 강조합니다. 하지만 안타깝게도 믿음으로 깊어질수록 삶이나 예배자의 모습은 정결과 경건의 모습은 점점 사라집니다. 쉽고 편하고 방해받지 않고 간섭받지 않고 내 주장을 펼치기 쉬운 자리를 사모합니다. 그리고 그 자리를 예배의 자리로 착각하게 만듭니다. 하나님은 이런 모습을 아시고 바울을 통해 경고합니다.

> 경건의 모양은 있으나 경건의 능력은 부인하니 이같은
> 자들에게서 네가 돌아서라 (디모데후서 3:5)

심각하게 착각합니다. 믿음의 년 수와 경건은 전혀 상관이 없습니다. 년 수로 자리 잡은 교회 사역 또는 목회의 자리는 전혀 경건과 상관이 없습니다. 더욱 심각한 착각은 마치 교회의 주인인 듯 행동하는 사람들이 존재한다는 점입니다. 이것은 불신이며 불순종이며 지옥행이라는 점을 명심해야 합니다. 이런 일로 상처를 주는 교회 리더십들이 존재합니다. 정말 이런

이론을 모르는 리더십일지 궁금해집니다. 이런 일로 성도는 상처를 당하거나 교회를 절대 떠나는 일을 하지 말아야 합니다.

여호수아는 여리고성을 앞에 두고 다른 걱정을 하지 않습니다. 여리고성 안에 어떤 사람이 사는지는 별로 중요한 사항이 아니었습니다. 여리고 안에 어떤 무기들로 준비되었는지는 중요하지 않았습니다. 여호수아에게 중요한 것은 자신이 하나님 앞에 철저한 순종으로 서 있는가를 돌아옵니다.

막연히 13바퀴를 돈 후에 함성을 지르는 일에 믿고 순종하며 하나님께서 이미 이 성을 주셨다는 것을 확신시키며 순종하게 합니다. 지금 처한 환경이나 관계하는 사람들 때문에 상처받거나 우울하지 말아야 합니다. 하나님 앞에 서 있고 하나님을 철저하게 믿고 있는지를 점검하는 일이 필요합니다. 복수하는 일은 자신의 일이 아니라 하나님의 몫입니다. 필요하시면 하나님이 철저하게 복수하시고 이끄십니다. 이것이 우울을 치유하는 방법이며 길입니다. 하나님이 하시기 때문에 여리고성은 무너지고 부서지며 이스라엘 백성이 그 성안으로 뛰어들었을 때 여리고 성안의 군사들은 이미 힘을 잃어버린 상태입니다. 하나님을 의지하므로 여리고를 얻은 것이고 더 나아가서는 하나님을 얻은 것입니다.

여호와를 기쁘게 한다는 것은 어떤 의미가 숨어있을까요? 3

절 하반부에 제사의 방법을 잘 기록하고 있습니다.

> 회막 문에서 여호와 앞에 기쁘게 받으시도록 드릴지니
> 라 (레위기 1:3b)

'막'은 내가 정하는 것이 아닙니다. 하나님이 정하신 것입니다. 하나님의 임재는 청결한 곳에 오십니다.

먼저, 탐심이 없는 곳에 오십니다. 내가 거룩하게 할 수 없지만 하나님이 오시면 거룩해집니다. 결국 우리의 모습이 거룩으로부터 압박을 느낍니다. 그 압박에 순종하는 자가 참 자유를 누리게 됩니다. 그러나 만일 압박만을 소유한 채 압박을 이기지 못하면 날마다 죄와 우상으로 살아가게 됩니다.

그러므로 내 안에 말씀을 모시고 그 말씀에 순종하는 일이 참 중요합니다. 말씀이 오시면 나의 삶이 거룩해질 기회를 얻는 것입니다. 말씀 속에 살면서도 거룩해지지 않는 것은 말씀이 능력이 없어서가 아닙니다. 내가 원하는 말씀만을 뽑아내기 때문입니다. 성경에 기록된 '쓴소리'도 사모할 수 있어야 하며 그것이 삶으로 이어져야 합니다. 만일 성경에서 내가 원하는 말씀만을 뽑아내는 경우를 지속한다면 하나님이 친히 우리에게 찾아오시는 모양이 아니라 내가 하나님을 원하는 곳으로 부르는 모양새가 됩니다. 이것은 이교도들의 행위입니다. 자신

이 필요시에 신을 부르고 자기만족을 얻는 일입니다. 말씀을 말씀답게 할 때 거룩해집니다. 그런데 이런 주장을 합니다.

"거룩해지면 재미가 없습니다."

거룩하지 않은 곳이 재미가 있는지 모르지만 일탈과 죄와 걱정이 쌓이게 됩니다. 거룩하지 못한 사람들의 삶이 멋있고, 재미있고, 부러울 수 있지만 악이 살아가는 모습입니다. 하나님은 거룩하지 못한 일들을 가만히 보고 계시지 않습니다. 이 땅에서 해결이 안 된다면 영원한 세계에서 구별해 주십니다. 그런데 악은 이렇게 생각하게 만듭니다. 죽어가는 세상은 나 자신이 가지 않을 듯하다고 생각합니다. 이런 느낌입니다.

"지옥에 가는 것은 지금의 내가 아니야."

영적인 세계에 나타나는 나는 실제 나와 다를 것으로 판단합니다. 그러나 영은 하나이듯 내 안에 있는 영은 나 자신이 됩니다. 착각하며 살지 말 것은 죽어서 영생을 누리든, 영벌로 떨어지든 영적 존재가 실제 현재의 '나 자신'이라는 분명한 인식이 필요합니다.

말씀이 임하고 말씀이 내 인생의 길이 되어주시고 오늘도 그 말씀으로 살아가는 기쁨을 누리는 거룩은 세상이 줄 수 없는 재미입니다. 권력을 탐하고, 술에 취하고, 담배에 취하고, 비방하는 일에 힘쓰고, 수군수군하는 일을 즐겨하고, 사기와 방종으로 돈을 모으는 일은 결국 하나님으로부터 심판받는 삶을 살게 됩니다. 결단코 종말이 좋지 않습니다. 이것은 교회를 다닌다고 해결될 문제가 아닙니다. 연약한 듯 보이나 하나님과 동행하는 참 기쁨을 누리며 강한 자가 되는 것입니다. 재미없는 듯하나 거룩의 은혜를 누리며 하나님의 살아계심을 맛보는 자가 되는 것입니다.

술 담배의 문제는 '무엇을 의지하냐?'의 문제입니다. 못 끊어내는 핑계를 '거룩이 어렵다'라고 합니다. 물론 거룩은 어렵습니다. 하나님과 동행하는 삶이 되어야 하기 때문입니다, 언제가 이런 류의 이야기를 듣고 대학에 입학한 아들에게 물었습니다.

"거룩해지면 재미가 없다고 하던데 너는 어떻게 생각하냐"라고 물었습니다.

"뭐라고 답을 해 주어야 할까?"
라고 다시 아들에게 물어보았습니다. 아들 역시 현재를 살아가는 청년이기에 근사치의 답이 나오지 않을까 싶었지만 오히려 한 수 배운 느낍니다. 이렇게 답을 해 주었습니다.

"인생의 목표가 재미래요?"

언제부터 인가 세상은 하나님을 신뢰하든지 안 하든지 상관없이 인생 목표가 재미로 바뀌어 하나님을 향하여 있는 것이 아니라 자신을 향하여 있다는 것을 알게 됩니다.

특히 교회 내에서도 사역을 하는 목회자끼리도 회개할 부분이 참으로 많습니다. 심지어 교단 안에서 조차 세습을 금지했지만 여러 방안으로 모양을 만들어 세습제도를 이어갑니다. 하나님을 왕으로 모시는 것이 아니라 교회를 세운 목사를 왕으로 만들고 세습제도를 이어갑니다. 물론 교회에 빚이 있고 긍휼 사역 중심의 교회이기에 빚이나 사역을 받을 목사가 없는 경우라면 이야기가 달라지겠지만 현실적으로 누구나 다 아는 세습 카드를 꺼내 들고 막무가내인 교회는 교회도 아닙니다. 그곳에 구원은 없을 것입니다. 성도들이 깨달아 그곳을 떠나는 것이 바람직한 신앙입니다. 또한 교회 내에 줄이 있어 학연과 지연이 성립되고 군대보다 더 강력한 서열은 기도와 하나님의 뜻에 의해 움직이는 것이 아닌 교회가 1대가 2대가 되고 2대가 3대가 되면서 변질과 술수가 난무하게 합니다.

"이제 교회는 어디에 있는가?"

라는 합당한 질문은 줄도 서열도 없는 이탈된 목회자가 마치 반항하듯 해보는 질문 밖에는 되지 않는 세상이 되었습니다.

이런 의미에서 레위기의 제사 방법은 모든 것을 날려버리고 참다운 교회가 되는 길을 열어준 제도입니다. 이제라도 레위기를 바로 알아 바른 교회가 다시 세워져야 합니다.

4. 사랑 회복을 위해 더 레위기 속으로

　　레위기를 통해 하나님은 제사의 방법을 알리었다는 것에 레위기 제사법의 의미가 있습니다. 하고픈 대로 하는 예배가 아니라 하나님이 원하시는 방법이라는 점입니다. 더욱이 제사에 사용되는 제물은 사람이 자신의 의도대로 드려지는 것이 아니라 하나님의 합당한 의도가 있습니다. 하나님이 제시하신 제사법은 복잡하지 않습니다. 거의 동일합니다.

　　"안수하고, 잡고(죽이고), 피 뿌리고, 태우는 것"

의 4가지 순서입니다. 이러한 기본법에 의미가 부여되고 태우는 부위가 다소 다를 뿐입니다. 따라서 예배는 단순해야 합니다. 오직 하나님의 영광을 위해 모든 순서가 진행되어야 합니다. 순서가 다소 다를 수 있지만 순서에 정답이 없다는 것입니다. 예배에 '예배자'의 느낌이나 고집이 아니라 하나님께 집중하고 하나님을 높이도록 하는 것이 예배입니다. 이것은 예배당 안에서의 예배만을 말하는 것이 아니라 삶이 예배가 되도록 하는 것입니다. 우리의 신앙 목표는 삶이 예배가 되는 것입니다.

안수할지니

그는 번제물의 머리에 안수할지니 그를 위하여 기쁘게
받으심이 되어 그를 위하여 속죄가 될 것이라

(레위기 1:4)

안수하는 일은 제사의 과정 중에 제일 중요한 과정입니다.
실제 현대 예배에서는 안수하는 일이 적은 관계로 안수의 일
을 큰 의미 없이 스쳐 지나갑니다. 하지만

"하나님을 믿느냐?"

하는 의미로서 안수의 항목이 포함되는 것입니다. 안수의 과정
은 예수님께서 피 흘리신 합당한 이유를 설명할 수 있기 때문
입니다. 제사법에서 안수를 다른 말로 바꾼다면 전가(轉嫁)입니
다. 내 자신의 죄가 믿음과 회개의 고백을 통해 예수님께 전달
됩니다. 예배 때마다 필요하기는 하지만 안수를 자주 이용한다
는 것은 예수님을 지속적으로 십자가에 못 박는 행위가 됩니
다. 십자가는 전가 상태에서 우리를 용서합니다. 참된 용서를
깨우친다면 삶의 습관과 태도가 변화됩니다. 이것이 안수를 마
음에 품고 예배하는 태도입니다. 화려한 조명과 마음을 움직이
는 찬양 가사에 마음이 녹는 감정의 변화보다 교회 문을 열고
들어갈 때부터 전가의 마음으로 임해야 합니다. 안수를 현대

예배 순서의 용서로 바꾼다면 회개가 될 것입니다. 안수는 이런 의미에서 참 중요한 시작입니다. 더 인식해야 하는 안수 행위는 예배자 스스로에게 한다는 점입니다. 안수받고 거룩으로 나아가는 발걸음입니다. 예배의 시작을 알리는 종소리나 찬양대의 화음에 마음이 움직이기도 하지만 먼저 안수하는 마음으로 죄가 씻김 받음에 감사한 마음으로 예배에 임해야 합니다.

5. 완전한 죽임이 되어 더 레위기 속으로

그는 여호와 앞에서 그 수송아지를 잡을 것이요

(레위기 1:5a)

'잡을 것이요.'라고 얌전히 말했지만 히브리어 원문의 의미
는 '살해하다'에 목적이 있습니다. 좀 더 원문에 가깝게 의역하
자면 '그 송아지를 살해할 것이요'라는 의미입니다. 다른 해석
으로는 완전히 죽여야 한다는 의미가 됩니다. 살해의 목적을
가지고 잡아야 하는 이유는 피를 얻기 위한 목적입니다. 피에
는 생명이 있으므로 상징적으로 생명의 전이를 보여줍니다.

이 순서는 제사에 있어서 반드시 지나야 하는 과정입니다.
왜냐 하면 죽음, 즉 피 흘림이 있기 때문입니다. 전가 받은 짐
승이 죄인을 위해 대신 죽는 모습을 경험합니다. 레위기 1장 5
절에 의하면 가져온 짐승을 죽이는(잡다) 사람은 제사장이 아
닙니다. 가장 헷갈리는 부분입니다. 분명한 것은 제사 드리는
자가 짐승을 직접 죽이게 됩니다. 이것은 대신 죽는 짐승의 생
명을 귀하게 여기고 자신이 죽는 것임을 깨달아야만 제사의

참된 모습이 살아나며 전가도 제대로 성립됩니다. 죽음에 따라 만족하는 것이 아니라 전이를 경험하며 죄인임을 고백하는 장면입니다. 결국 예수 그리스도께서 '내 자신의 죄'를 위해 죽으신 것을 바라보게 합니다. 죽으심을 바르게 깨달았다면 바르게 변해야 합니다. 예수님이 믿는 자들에게 바라심은 거듭남입니다. 거듭이란 다시 태어남을 말합니다. 전가된 자가 취할 태도는 거듭남입니다. 온전한 변화입니다. 욕망이나 권력욕구나 자기만족을 위한 신앙에서 바뀌어야 합니다. 하나님 앞에 온전한 변화를 이루며 용서받음을 감사하게 여기며 자신을 위한 삶이 아니라 하나님의 영광을 위한 삶으로 변화되어야 합니다.

6. 완전한 생명이 되어 피뿌림 안에서 더 레위기 속으로

아론의 자손 제사장들은 그 피를 가져다가 회막 문 앞
제단 사방에 뿌릴 것이며 (레위기 1:5b)

이 땅을 살아가면서 명심할 것이 하나 있다면 이 땅에는 악
과 선이 동시에 존재한다는 것입니다. 아담의 범죄로 말미암아
악이 인류 가운데 침범한 것이며 문이 열려 있는 것입니다.

또 아는 것은 우리는 하나님께 속하고 온 세상은 악한
자 안에 처한 것이며 (요한일서 5:19)

한글로 해석된 '처한 것'의 헬라어의 의미는 '놓여 있다'입니
다. 다시 말해 온 세상은 악한 자 안에 놓여 있다는 뜻이 됩니
다. 그러므로 삶이 악한 자를 비방하거나 악한 것에 질투를 갖
거나 악한 일에 절망하는 일이 없어야 합니다. 악함에 질투를
갖는 일은 동일한 악함이며 사단의 노림수입니다. 악한 자를
비방하거나 절망하는 일은 우울이나 공황장애 쉽게 노출되는

연약한 일입니다. 부모로부터 받은 상처, 사랑하는 사람으로 받은 상처는 결국 하나님께 전적 신뢰가 아닌 불신에서 시작된 것입니다. 개인의 욕심이 과다하여 생긴 상처도 많습니다. 개인의 고집으로 인해 생긴 불화가 상처가 됩니다. 그러므로 삶에서 오직 소망하고 바라볼 것은 하나님입니다. 일이 되든 안 되든, 일이 쉽게 이루어지든 어렵게 이루어지든, 증명하기 어려운 병이 찾아오든 병의 증세가 호전되든 상관없이 유일하신 하나님을 바라보며 감사와 믿음 안에 살아는 것이 신앙의 삶입니다.

첫째는 질투를 버려야 합니다.

둘째는 쓸데없는 욕망을 버려야 합니다.

셋째는 기도 없는 개인 사역을 버려야 합니다.

넷째는 다른 사람을 힘들게 하는 태도나 고집이나 사역 방향을 버려야 합니다.

다섯째는 미워하는 자에 대해 악한 마음을 버려야 합니다.

은사는 믿음도 아니고 실력도 아닌 하나님의 은혜임에도 불구하고 눈에 띄는 은사를 받으면 신앙이 좋은 양하는 태도를 가진 사람들이 존재합니다. 그러나 이런 류의 사람에게 끌려다니는 것은 조롱당하는 일이며 이런 류의 사람에게 질투를 갖는 것은 동일한 잣대의 신앙입니다. 오직 하나님만 보십시오,

결과는 하나님이 하십니다. 예수님은 피흘림으로 말미암아 그리스도 예수의 능력 안에 있는 기회를 얻었습니다. 정신 차리고 깨어 믿어야 합니다. 상처에 있고 우울에 있다면 그 악한 굴레에서 벗어나 예수 안으로 삶과 생각의 터전을 옮겨야 합니다. 예수만 바라보고 감사의 삶이 되어야 합니다.

피는 생명이기 때문에 피의 주인은 하나님입니다. 그러므로 생명을 가지고 장난칠 수 없습니다. 생명을 끊는 일이 절대 있어서는 안 됩니다. 주인이신 하나님의 것을 도둑질하므로 십계명을 어길 뿐 아니라 교만의 영으로 범죄 하는 것입니다. 구약에서 피를 드림으로 전가되어 죄가 사함 받듯이 예수 그리스도의 피흘림은 세상을 구원하며 인류를 구원한 것입니다. 피흘림에 동참하는 길은 믿음이 삶이 되는 것입니다. 말씀 안에서 살기를 결단하며 모든 상처를 말씀으로 이겨내는 신앙이 있어야 합니다. 상처에 끌려다니면 우울이나 조울증으로 사람을 두려워하여 동굴 안에 살 듯 방 안에서 나오지 못하는 경우도 있습니다.

어느 권사님의 아들 이야기입니다. 40대에 이름만 말하면 알만한 기업에서 주요 업무를 맡을 정도로 모두가 인정하는 분이었습니다. 그런데 회사 업무의 과중과 당시에 이혼을 당하며 '히키코모리(은둔형 외톨이)'의 증세를 보였다고 합니다. 밖에는 어두운 저녁 소주를 구입하기 위해 잠시 외출을 한다고 했습니다. 더욱 안타까운 것은 할아버지가 유명한 목사이며 교수였다는 점입니다.

자신과의 싸움에서 이겨야 합니다. 예수님께서 십자가의 무거운 짐을 이기신 것처럼 악한 굴레 안으로 빠져드는 자신의 내면과 싸워 이겨서 예수님의 피의 흔적을 지녀야 합니다. 자신과의 싸움은 상처에서 빠져나오며 오직 예수를 외치게 합니다.

1998년, 신학 공부를 위해 회사를 퇴직하게 되었습니다. 마냥 공부만 할 수 없어서 생활정보 신문을 돌리는 일을 병행해야 했습니다. 신문을 실을 수 있는 소형승합 차량을 구입하고 취업을 했습니다. 새벽 4시에 일어나서 새벽 5까지 회사 마당에 도착하여 배포해야 할 분량의 신문을 20분까지 싣고 할당된 지역에 출발해야 합니다. 보통은 오전 6시부터 10시 30분까지 1차로 배포를 하고 1시간을 휴식 후 오후 1시까지 2차 배포를 한 후에는 2시까지 정해진 모임 장소로 가면 하루의 일과를 마치는 것입니다. 그런데 항상 문제는 차량 동선 때문에 오전 8시경에 서울 사당역에 도착해서 그 주변을 배포해야 한다는 부담이 있었습니다. 정장 차림의 직장인들이 출근하는 가운데 끼어 있기에 너무 부끄러운 옷차림이었습니다. 운동복

하의와 흰색 면티를 걸치고 한 손에는 정보신문을 들고 다른 한 손에는 쓰레기를 주워 담는 비닐을 들고 우왕좌왕 거리는 모습이 스스로 불편했습니다. 그리고 머리에는 늘 이런 생각뿐 이었습니다. '나도 얼마 전까지 정장 차림으로 다니던 직장인 이었다고'하면서 쓸데없는 자존감을 지켜나갔습니다. 그러던 중 어느 날 큐티 가운데 나를 지켜보는 것은 하나님이지 지나 치는 사람들이 아니라는 점을 묵상했습니다. 그래서 그날은 신 문을 들고 쓰레기 비닐을 들고 천천히 걷기로 했습니다. 그런 데 역시 출근으로 바쁜 사람들은 나에게 관심을 두거나 쳐다 보는 사람이 없다는 것을 확인했습니다. 일부러 지나가는 사람 들의 얼굴을 바라보며 눈을 마주치려고 했지만 '휙' 지나가는 사람뿐 한 번도 나에게 눈길을 주는 사람을 발견할 수 없었습 니다. 그때 알았습니다. 신학을 공부하겠다고 나선 사람이 알 량한 자존심 때문에 어깨를 펴지 못했던 점을 후회했습니다.

앞서 설명했지만 자신과 싸움에서 이겨야 합니다. 자존심을 지키는 것이 아니라 자존심을 내려놓을 때 하나님 안에서 자 존감이 상승합니다. '하나님이 계시다'는 믿음과 확신이 나를 붙들어 상처 안에서 끄집어냅니다. 하나님만 바라보십시오. 나 를 세우는 사람은 없습니다. 자존심을 벗어나는 순간 하나님의 사랑의 자존감이 나를 감싸게 됩니다. 하나님 안에서만 느끼고 깨달을 수 있는 행복감과 안도감이 찾아옵니다. 우울을 마감하고 하나님을 아는 법을 배워야 합니다. 하나님을 아는 방법은 첫째, 내 고집을 내려야 합니다. 둘째, 하나님의 일하는 방식을 인정하며 순종해야 합니다. 셋째, 사람을 의지하는 것이 아니라 하나님을 의지하는 방법을 찾아야 합니다. 넷째, 바른 신앙생활, 즉 기도와 말씀으로 신앙의 기본을 다져야 합니다.

물론 위의 예로 우울이 다 마감되는 것은 아닙니다. 하지만 제일 먼저 하나님을 만나는 법을 깨닫고 하나님을 의지하며 하나님의 일하심에 순종하고 하나님 안에서 사는 법을 계획 세워야 합니다. 기도가 하나님과 관계를 긴밀하게 하며 기도가 하나님으로부터 위로와 평안을 얻는 방법입니다. 또한 성경 안의 한 구절 한 구절의 말씀을 읽고 깨달음이 하나님과 거리를 좁혀 줍니다. 우울증의 치료의 시작은 성경을 들고 자리 잡아야 합니다. 하나님의 음성을 들으며 기도로 하나님께 더 가까이 다가가야 합니다. 하나님은 팔을 벌려 그리스도인이 나아오기를 기다리십니다. 지금 시작하십시오. 하나님을 만나는 시간을 늦추거나 쓸모없는 변명은 필요하지 않습니다.

7. 그 번제물의 가죽을 벗기고 각을 뜰 것이요

가죽을 벗기는 이유가 뭘까를 생각해 봅니다. 물론 태우기 쉽게 하기 위해서 가죽을 벗기기도 하고 가죽은 유목 생활을 하는 유대인들에게 매우 중요한 재산이 되기도 합니다. 더욱이 가죽은 제사장의 몫에 해당합니다.

한편 인간에게 있어서의 '가죽'이라는 단어를 '탈'이라고 합니다. 제사에 참여하여 가죽을 벗는 행위에 현대적 의미를 붙이자면 이중적인 모습을 벗고 오로지 주님 앞에 그리스도인으로 바르게 서는 것을 뜻합니다. 자녀들이 기성세대의 신앙을 보면서 실망하고 비판하며 교회를 떠나거나 안티(Anti)적 성향을 띠는 것은 바로 이 문제 때문일 것입니다. 세상의 탈을 벗지 못하고 이중적인 성향을 보이기 때문입니다. 겉으로 보기에는 교회를 다니지만 그 속은 세상의 기준과 다를 바 없는 삶과 언어를 사용합니다. 용서하지도, 사랑하지도 못합니다. 이러한 경향이 자녀들을 어둠으로 밀치는 일이 됩니다. 가죽은 이런 의미에서 예배할 때 반드시 벗어야하는 것입니다. 그런데 문제는 무엇입니까? 벗어놓았던 가죽을 예배가 마치면 겹겹이 다른 가죽으로 바꾸어 입거나 벗어놓았던 가죽을 다시 입으며 더욱 꽁꽁히 묶어 버린다는 것입니다. 벗어 던진 가죽을 입지 말아야 합니다.

특히 상처가 되는 가죽은 절대 입으면 안 됩니다. 하나님을 사랑하며 내려놓기 시작한 가죽은 절대적으로 버려야 합니다. 가죽이 자신을 향해 이렇게 말합니다.

"너를 사랑해, 너 자신을 사랑해야지"

물론 맞는 말입니다. 그러나 사단은 이 말을 왜곡하여 자신을 사랑하게 만드는 것이 아니라 다른 사람과 비교하거나 다른 사람들의 말을 왜곡하여 듣게 합니다. 누군가 이렇게 말합니다.

"내가 모든 사람에게 다 사랑받고 인정받아야 하는 것은 아니야. 나는 내 것을 이루어가면 돼"

어쩌면 이것이 나를 사랑하는 방식일 것입니다. 자신을 사랑한다는 표현이 왜곡되어 자신을 비하하거나 잘못된 길로 인도하는 경우가 많습니다. 그러나 하나님을 주목할 때 하나님께서 길을 열어주시고 하나님의 사랑을 느끼게 합니다. 앞서 요셉의 인생을 살펴보았습니다. 만약 요셉과 같은 위치에 있었다면 어떻게 반응했을까 상상하면 끔찍해집니다. 혼자되는 것도 억울한데 유혹 속에서 모함으로 이어져 가지 말아야 할 감옥에 간

사실이 억울하고 창피하고 무능해 보여서 살 가치조차 깨닫지 못한 채 우울함이나 정신적인 병적 사례를 얻었을 것입니다.

탈을 벗어나야 인간이 됩니다. 가죽을 벗는 것은 심판입니다. 안수를 통해 죄가 전가되었다면 이제 심판을 통해 완전한 죽음을 맞이합니다.

8. 완전한 사라짐을 위해 태움, 더 레위기 속으로

태우는 일은 무엇을 말할 수 있을까를 생각해 봅니다. 간단한 상식의 생각은 태우면 완전히 사라진다는 것입니다. 다시는 사용할 수 없을 뿐 아니라 흔적조차 사라지는 것입니다. 하나님의 방법입니다. 우리의 죄과에 대해서는 하나님께서 기억도 하지 않는 것입니다.

> 내가 그들의 불의를 긍휼히 여기고 그들의 죄를 다시 기억하지 아니하리라 하셨느니라 (히브리서 8:12)

태우는 순간 날마다 새로운 언약 안에 살게 됩니다. 그 새 언약을 영원한 언약으로 찾아오신 분이 예수 그리스도입니다. 예수님은 완전히 죽으셨지만 완전하게 부활하셨습니다. 우리도 태워져야 합니다. 온전히 중생(重生) 되지 않으면 천국에 이르는 길을 잃어 버릴 수 있습니다. 제물이 태워지듯 중생(거듭남)을 통해 온전한 그리스도인이 되어야 합니다. 온전한 그리스도인이 된다는 것은 온전히 예수님을 의지하는 사람이 되는 것입니다. 마음에 미움, 다툼, 질투, 고민, 불안 등이 사라져야 우울이나 공황장애로부터 탈출하게 되고 예수님이 참 제자의 모습으로 설 수 있습니다.

우울을 벗어나는 방법은 태우는 것입니다. 마음 안에 있는 죄악과 사단적인 것들을 다 태워야 합니다. '예수 그리스도의 이름'으로 안에 쌓여 있는 것을 태워야 합니다.

아마도 큰 비중을 차지하는 것이 고집일 것입니다. 이 고집은 아주 튼튼한 집입니다. 부술 수 없고 쉽게 부서지지도 않는 아주 강력한 집입니다. 이 집으로 많은 다툼이 있었고 스스로 심장을 찌르기도 하고 특히 이 집 때문에 심각한 정신병에 시달려 의학적인 치료를 받은 적도 있을 것입니다. 약을 끊기 위해서 고집을 먼저 끊어야 합니다. 고집이 끊어지면 약도 끊어집니다. 하나님 안에서 순수하며 순전하며 용서가 쉽고 하나님의 사랑을 드러나야 합니다. 고집을 부술 수 있는 것은 하나님의 사랑입니다. 하나님의 사랑을 경험하고 하나님의 사랑 안에서 생각하고 행동하는 버릇을 통해 사랑이 흘러가도록 해야 합니다. 하나님의 사랑의 대상을 위해 초점을 맞추는 삶이 되어야 합니다.

하나님의 자녀 됨은 나의 선택이나 자격이 아닙니다. 물질을 많이 소유해도, 정치. 경제. 사회. 종교적으로 높은 위치를 차지해도 또는 반대로 물질 때문에 고통받는 연약한 자, 삶의 진로을 잃어버리고 긍휼이 필요한 자든지 이런 부분에 상관없이 하나님의 자녀 됨은 그리스도의 죽으심을 믿으며 하나님의 부름에 "yes"로 순종하는 사람들에게 자격이 있습니다. 삶에서 마찬가지입니다.

믿음이 없이는 하나님을 기쁘시게 하지 못하나니

(히브리서 11:6a)

설교하기 참 어려운 구절입니다. 믿음은 무엇입니까? 첫째는 약속을 믿는 삶입니다. 그런데 제사와 연관 지어 믿음을 이야기한다면 어떤 결과를 가지고 올까요? 하나님의 말씀을 믿으십니까? 하나님의 기쁨이 언제부터인가 인간중심의 기쁨으로 변화가 되었습니다. 그런데 문제는 말씀과 기도로 만족하는 삶이 아니라 만족을 넘어 성숙해져야 합니다. 이것을 성화라고 합니다. 말씀과 기도가 가득 차면 성령충만하여 집니다.

성령충만이란 무엇일까요? 간단하게 말해 성령으로 충만한 상태입니다. 그러나 다른 각도로 따져본다면 내 안에 내가 없는 것입니다. 내가 없을 때, 내 존재, 내 철학, 내 관점, 내 고집, 내 틀의 완전히 존재가 없어야 성령이 충만하게 된다는 것입니다.

"하나님은 내가 기뻐하기를 원하지 않습니까?"라는 상당히 맞는 질문같이 던지지만 진짜 속내는 하나님의 기쁨보다는 내 기쁨을 원하는 것입니다. 기쁨이 자신에게 찾아오는 기도입니다. 어느 순간부터인가 하나님의 영광을 빼앗아 오는 태도의 신앙생활을 하게 됩니다. 그래서 기도가 나 자신이 들으라고 기도할 때가 많다는 것입니다. 마치 세뇌하듯 "될 거야, 될 거야"합니다. 하나님을 부르며 예수 그리스도의 이름으로 기도는 하지만 하나님보다는 자신에게 기도한다는 것입니다.

특히 주의해야 할 기도 태도는 부모들이 자녀들과 함께 하는 가정 예배입니다. 성경을 읽든 성경을 나누든 예배의 순서를 갖은 후 부모는 마무리 기도를 하게 됩니다. 그런데 이때 드려지는 기도의 언어에는 자녀에 대한 태도의 지적 및 삶의 태도나 부모의 욕심에 따른 자녀에게 바라는 바를 하나님께 기도할 때가 많습니다. 신앙보다는 세상에서 앞서기를 바라는 마음으로 기도하게 됩니다. 자녀들이 싫어하는 언어를 사용하면서 기도를 통해 자녀의 태도를 바꾸려고 합니다. 이러다 보니 하나님을 잘못 소개하는 가정예배 현장의 기도 시간을 볼 수 있습니다.

하나님 앞에서 인생의 참된 목표가 무엇일까요? 제물이 되는 것입니다. 참된 제물이 되면 죽는 것 같지만 사는 것입니다. 지는 것 같지만 이기는 것입니다. 없는 것 같지만 있는 것입니다. 사도 바울이 이렇게 말합니다.

> 내가 능력 주시는 자 안에서 무엇이든 할 수 있다
>
> (빌립보서 4:13)

어떻게 이런 일이 가능해집니다. 바울은 이렇게 고백을 합니다.

> 나는 비천에 처할 줄도 알고 풍부에 처할 줄도 알아 모든 일 곧 배부름과 배고픔과 풍부와 궁핍에도 처할 줄 아는 일체의 비결을 배웠노라 (빌립보서 4:10~12)

제물은 말하지 않습니다. 제물이 말하면 죽일 수 있습니까? 제사를 지내려고 양을 죽이려고 하는데 양이

"주인님 살려주세요. 아파요! 살려주세요!"

라고 말합니다. 놀랍게도 양이 주인을 살리는 법은 죽는 것입니다. 양이 죽었기 때문에 주인의 번제가 이루어집니다. 번제는 하나님을 높이는 방법뿐만이 아닙니다. 가정을 살리려면 내가 죽어야 사는 것입니다. 자녀를 살리려면 내가 죽어야 합니다. 내가 죽은 자리에 하나님이 계시기 때문입니다.

더욱이 내가 살려면 내가 죽는 것이 가장 강력하게 살아나

는 것입니다. 죽은 것은 어떤 것일까요? 자신을 돌아보는 것입니다. 거친 세상을 살다 보면 자신을 채우기에 강박증이 생길 듯합니다. 내 만족이나 내가 기대고 의지했던 생각이나 계획들이 망가지는 순간 심각한 병에 시달립니다. 그래서 항상 평범하지 못한 삶 속에서 하나님만을 의지하는 것입니다. 의지는 쉬운 말로 '가라 하면 가고 오라 하면 오는 것'입니다. 그런데 놀랍게도 하나님이 믿는 자들에게 바라는 바는 '죽는 것'입니다. 다시 말해 내 것이 아닌 하나님 것으로 사는 사람을 구하십니다.

상처 탈출이란 전적 의지와 평범하지 않은 삶에 주님 주시는 만족을 가지고 사는 것입니다. 높은 자리, 권력 자리, 큰 소리 치고 다른 사람을 평가하는 자리에 앉을수록 내려오고 겸손하며 섬기기를 다해야 함을 명심해야 합니다. 적은 사람들이 이런 자리에 앉아 겸손을 버린 채 천국 갈 못된 망상에 사로잡혀 있습니다. 다시 한번 강조한다면 누군가를 평가하는 위치에 있거나 평가를 하고 있다면 하나님 앞에 말씀대로 살고 있는지? 하나님 앞에 겸손한지를 점검하지 않으면 천국은 절대 들어갈 수 없다는 것을 깨달아야 합니다.

아무리 믿음이 교리로 밝다 하더라도 삶이 믿음을 따라 가지 못한다면 믿음이 존재하지 않는 것입니다. 삶이 믿음이 되기 위해 하나님의 기쁨의 뜻을 따라야 합니다. 소유된 자리가 비록 다른 사람이 부러워하는 자리라 할지라도 자리나 위치는 절대 천국의 자리가 될 수 없습니다. 믿음을 만만하게 보거나 믿음에 대한 착각에 빠지지 말아야 합니다.

예수님께서 십자가에 죽으시면서 그 생명을 우리에게 주었습니다. 믿음의 사건입니다. 요한은 예수님을 '어린 양'이라고 부릅니다. '영적으로 죽는다'는 것은 아무것도 하지 말라는 것이 아닙니다. 오히려 영적으로 살아서 더욱 예배해야 합니다. 더욱 말씀에 매달려야 합니다. 더욱 기도해야 합니다. 참으로 모순된 것 같지만 가장 강력한 창과 방패입니다. '죽는 것이 사는 것'입니다.

실버타운의 교회로 파송되던 때 받은 화분 나무가 사무실에 있었습니다. 얼마나 잘 자라는지 나무의 끝이 곧 천정에 닿을 위기에 놓여 있습니다. 왜 이렇게 쑥쑥 자라는지 짐작해 보건데 사무실 안에서 설교 말씀, 찬양, 상담 등으로 좋은 소리만 듣습니다. 하나님만 따르는 길에는 생명이 성숙해집니다.

결국 구원은 죽음 뒤에 찾아온 해방입니다. 내가 예수님을 믿기로 결정하고 영접한다는 것은 죽은 자를 기쁨으로 맞이하는 것입니다. 나로 인하여 죽었음을 깊이 깨달을 때 진정한 영접이며 구원이 됩니다. 그러나 안타깝게 영접하는 순간 대부분의 신자는 말씀의 길을 따라 구원으로 나오는 것이 아니라 교회 봉사의 길을 따라 교만의 과정으로 빠진다는 것입니다. 교회 생활은 높고 낮음을 따지는 자리가 아니라 신자로서 더욱 낮아지는 삶을 배우는 자리입니다. 봉사하고 헌신할수록 더욱 겸손을 배우며 영접하는 순간 말씀의 갈급함을 느껴야 합니다. 그런데 봉사가 익숙해질수록 교만이 깊어지며 결국 교만 더하기 무시함으로 봉사를 위해 찾아온 성도들을 무시합니다. 경험 컨대 봉사하시러 오신 성도님이 더욱 성도스럽고 신앙적 자세가 더 훌륭합니다. 무시당할 분이 아님에도 불구하고 '먼저'라는 착각으로 텃세를 부리기도 합니다. 명심해야 합니다. 먼저 된 자가 나중 되고 나중 된 자가 먼저 된다는 예수님을 말씀을 기억하며 신앙생활을 해야 합니다.

예수님은 죽으심으로 우리가 믿는 순간 당당하게 천국에 입성하길 원하십니다. 말씀으로 예수님과 친숙해져야 합니다. 죽음이란 말씀을 증거한 것이며 성경을 참된 진리로 증거한 것입니다. 말씀을 통해 예수님의 살아계심을 깨닫고 더욱 읽고 충실히 믿어 의의 길로 나아가야 합니다.

V

생명, 더함 없는 위로

1. 더함 없는 위로

예배는 배움에서 시작합니다. 공부해서 터득한 것은 예배가 되지 못합니다. 다른 누군가의 터득됨이 나를 변화 시킬 수 있는 상태가 예배의 상태입니다. 다른 사람의 것을 받아 들이지 못한다면 그 안에는 반드시 교만이 존재합니다. 그래서

"너는 틀리고"

"그렇게 살면 안 되고"

하는 말을 하게 됩니다.

예배에 대한 강의를 들으면 보통 "예배란 무엇일까요?"라는 질문에서 시작할 때가 많습니다. "예배가 무엇일까요?" 보통 듣는 답은 "하나님을 경배하는 것"이라는 답입니다.

"예배는 무엇일까요?"

"예배하는 삶이란 무엇일까요?"

예배란 무엇이냐는 답을 낼 때 주의점은 두 가지입니다. 사람 중심이냐 아니면 하나님 중심이냐 하는 문제입니다. 설교를 할 때도 주의점은 내 중심이냐 아니면 하나님 중심이냐 하는 문제입니다. 설교시 내 중심이 되면 재미있고 논리적이고 멋스

럽게 할 수 있지만 하나님 중심이 되면 하나님께서 원하는 설교를 해야 합니다. 구약의 선지서를 살펴보면 하나님 중심의 메시지를 깨닫게 됩니다. 내가 하고 싶고 잘하는 것과는 전혀 관계없고 오직 생명을 살리고 하나님의 명령을 드러내며 구원을 중심으로 하는 설교 뒤에 생명이 존재합니다. 그러므로 예배란 내 멋을 위해 하는 일이 아니라 하나님을 드러내고 하나님을 자랑하며 하나님의 기쁨이 되는 것입니다. 회개가 필요하고 죽음이 필요하고 내려놓음이 필요하고 겸손이 있어야 예배가 됩니다. 레위기 제사법에는 그저 짐승을 죽여 바치는 것이 아닌 아주 세분화된 법조직으로 하나님 앞에 제사(예배)하는 사람이 정결케 되는 법을 가지고 있습니다.

2. 예배의 시작, 레위기 제사

레위기에 기록된 제사에서 4가지 순서를 알면 쉽게 읽어 낼 수 있습니다.

첫째, 안수하는 것입니다. 머리에 손을 얹어 자신의 죄를 전가 시키는 행위입니다.

그는 번제물의 머리에 안수할지니 (레위기 1장 4절a)

가끔 이 부분을 오해하는 사람들이 있습니다. '안수자가 누구냐?'하는 문제입니다. 안수는 제물을 가져온 사람이 하는 것입니다. '안수'라는 말에 움츠러들어 '제사장이 하겠지?'라는 생각은 오류입니다. 안수에 전가의 의미를 담아 제물을 가져온 사람이 제물의 머리에 안수하게 됩니다.

둘째, 도살합니다. 다른 말로 레위기에서는 '잡는다.'라고 표현됩니다. 앞서 말한 듯 살해하는 것입니다.

그는 여호와 앞에서 그 수송아지를 잡을 것이요

(레위기 1장 5절a)

도살하는 경우에는 제사장이 하는 것이 아닙니다. 제사장은 피와 관련되기 때문에 피를 받는 역할을 할 뿐 제물의 목에 칼을 대어 제물을 잡는 자는 제물을 가져온 사람이 하는 것입니다.

셋째, 피를 뿌리는 것입니다. 제사장이 피를 받아 제단 사면에 피를 뿌립니다.

아론의 자손 제사장들은 그 피를 가져다가 회막 문 앞 제단 사방에 뿌릴 것이며 (레위기 1장 5절b)

피 뿌림은 부르심으로 세운 레위족속 제사장의 일입니다. 피는 생명이므로 죄인이 만질 수 없는 것입니다. 죽음의 피가 제사 드리는 사람을 죄에서 씻어주며 결국 예수님의 보혈이 믿는 자들에게 거룩과 성결도 다가옵니다.

넷째, 태우는 일입니다. 제물을 제단에 올려 태우게 되는데 무엇을 어디에서 태우는지 특징을 살피면 제사의 구분이 됩니다.

제사장은 그 전부를 제단 위에서 불살라 번제를 드릴지니 이는 화제라 여호와께 향기로운 냄새니라

(레위기 1장 9절b)

위 순서대로 (안수하고, 잡고, 피 뿌리고, 태우고) 각 제사법을 주의 깊게 읽어가면서 각각의 제사마다 특징만 살피면 쉽게 이해하고 전체 그림이 보일 것입니다. 우선 살펴볼 사항은 제사를 하러 오는 사람과 제사를 인도하는 제사장 사이에 각자의 할 일을 먼저 살펴보아야 합니다.

이스라엘 자손에게 말하여 이르라 너희 중에 누구든지 여호와께 예물을 드리려거든 가축 중에서 소나 양으로 예물을 드릴지니라 (레위기 1:2)

제사의 기본적인 특징에서 3가지를 마주하게 됩니다.

첫째 '누구든지'라는 단어입니다. 제사는 누구든지 할 수 있는 것입니다. 가장 큰 문제는 하나님을 찾아야 하는 필요성을 잃어버렸다는 것입니다. 왜 말씀을 읽고 왜 기도해야 하는지에 대한 이유를 상실했습니다. 세상이 빠르게 돌아가고 복잡합니다. 힘들어서 기도하는 자세는 반드시 하나님 앞에서의 기도만 존재하는 것이 아닙니다, 기도라는 단어는 타 종교에서도 존재하는 단어입니다. 하나님은 기도를 원하지만 제사와 예배의 관계가 우선되어야 합니다. 힘들어서 찾아오는 관계가 아니라 자식이 부모를 기억하고 부모에게 '효(孝)'를 행하는 것처럼 하나님과의 관계도 마찬가지입니다. 우리는 하나님을 신이라는 개념 속에서 너무 멀리 있거나 너무 커다란 분으로 생각합니다. 함께 길을 걷고 함께 차를 마시고 함께 식사를 할 수 있는 분이 하나님입니다. 하나님도 이것을 원하십니다. 아담을 창조하시고 하나님이 아담과 하신 일은 함께 거닐었습니다. 뿐만 아니라 지금도 하나님은 우리와 어울리셔서 먹고 마시기를 원합니다.

> 볼지어다 내가 문 밖에 서서 두드리노니 누구든지 내 음성을 듣고 문을 열면 내가 그에게로 들어가 그와 더불어 먹고 그는 나와 더불어 먹으리라 (요한계시록 3:20)

두 번째는 대상입니다. '누구에게 제사를 하느냐?'라는 질문입니다. 신앙인의 제사는 하나님께 드리게 됩니다.

> 너는 다른 신에게 절하지 말라 여호와는 질투라 이름하는 질투의 하나님임이니라 (출애굽기 34:14)

> 모세가 하나님 앞에 올라가니 여호와께서 산에서 그를 불러 말씀하시되 너는 이같이 야곱의 집에 말하고 이스라엘 자손들에게 말하라 (출애굽기 19:3)

모세는 시내산에 올라 하나님을 대면합니다. 하나님의 부름

속에 이스라엘에게 광야에서의 필요한 계명들을 받게 됩니다.

여호와께서 모세에게 이르시되 너는 내려가라 네가 애
굽 땅에서 인도하여 낸 네 백성이 부패하였도다

(출애굽기 32:7)

하나님의 표현이 살아있습니다. 신을 만들어 예배하는 이스
라엘 백성에 대한 표현입니다.

"부패하였다"

라고 지적하시며 하나님은 다른 신에게 절하고 경배하는 태
도를 인정하지 않으신다. 그런데 안타깝게도 그리스도인들의
하는 작태(作態)를 보면 하나님을 인정한다고 하면서도 자신
내면에 존재하는 신에게 경배하며 자신을 신격화하는 사람들
이 많습니다. 그러나 이러한 형태는 유교에서 온 숭배이며 잘
못 만들어진 과거 구습입니다. 유교에 사로잡힌 사람들이 잘하
는 말입니다.

"너 몇 살이야"

"이 일을 몇 년했어?"

완전히 과거에 사로 잡혀 높낮이를 갖출 때가 많습니다. 결
국 하나님을 경배하는 것이 아니라 자신의 내면에 있는 유교
적 전통을 경배하며 예배하는 것이다. 아론의 핑계와 별 다를

바 없는 핑계로 하나님 앞에 과장된 핑계를 합니다.

> 내가 그들에게 이르기를 금이 있는 자는 빼내라 한즉
> 그들이 그것을 내게로 가져왔기로 내가 불에 던졌더니
> 이 송아지가 나왔나이다 (출애굽기 32:24)

> 모세가 본즉 백성이 방자하니 이는 아론이 그들을 방자
> 하게 하여 원수에게 조롱거리가 되게 하였음이라
>
> (출애굽기 35:25)

성경은 아론이 방자했다고 지적합니다. 그 방자함은 원수에게 조롱거리가 되는 일입니다. 자신 안에 있는 고집의 영으로 틀에 박힌 유교적 사상을 통해 남을 판단하는 신앙은 절대 버려야 합니다. 버림이 상처를 탈출하며 버림이 하나님께 나아가는 길입니다.

번제

번제로 드릴 수 있는 제물은 소, 양, 염소의 수컷과 비둘기를 드리게 됩니다. 더구나 비둘기도 드릴 수 없는 사람이라면 소제의 제물을 통해 예물을 드리게 됩니다. 이렇게 구분한 것은 자신이 준비 할 수 있는 예물 중에 최고의 것을 드려하는

것을 기준합니다. 소를 드릴 수 있는 처지 임에도 불구하고 양을 드릴 수 없습니다. 양을 제물로 사용할 수 있는 이유는 소를 제물로 사용할 수 없는 경우이기 때문에 다음의 것을 하나님이 준비하신 것입니다. 오늘날이 예배도 최고의 것을 하나님께 드려야 합니다. 시간이나 물질이나 상황들을 고려하며 남는 시간이나 여유 되는 시간에 예배하는 것이 아닙니다.

번제의 가장 큰 특징은 전부를 태우는 것입니다. 여기에 비밀이 있습니다. '전부'를 불살라야 한다(레1:9)고 레위기는 명령합니다. '하나도 남기지 않는다.'입니다. 죄의 유혹에서 벗어나야 합니다. 죄라는 명목들을 삶 속에서 지워가는 것이 예배입니다. 죄의 속으로 들어가지 않기 위해 하나님을 주목해야 합니다. 이런 의미에서 삶이 예배가 된다는 것은 죄의 습관에서 벗어나 죄로 들어가지 않기 위해 인내하며 성경이 명령하는 경건을 찾는 것입니다. 술을 멀리하며 탐심과 우상숭배를 벗어나서 용서와 사랑과 인내와 자비의 삶을 추구하는 것입니다. 이런 종류의 삶이 성경이 원하는 성경적인 삶이며 현대적 개념의 번제입니다.

그 내장과 정강이를 물로 씻을 것이요 제사장은 그 전부를 제단 위에서 불살라 번제를 드릴지니 이는 화제라

여호와께 향기로운 냄새니라 (레위기 1장 9절)

죄를 스스로 버릴 수 없기에 예수님의 이름을 의지합니다. 예수님을 믿는 것은 십자가를 통하여 우리의 죄가 덮여지고 거듭날 수 있습니다. 예수님을 의지하는 것이 상처에서 빠져나올 수 있는 힘입니다.

소제

개인적으로 소제를 좋아합니다. 하나님의 사랑이 가장 숨어있는 제사가 소제입니다. 소제는 가루로 드리는 제사입니다. 비용이 들어가서 소나 양으로 제사를 드리는 어려운 사람들에게 열려 있는 제사입니다. 하나님의 메시지입니다.

"수고하고 무거운 짐 진 자들아 다 내게 오라 내가 너희를 쉬게 하리라" (마11:28)

가진 것이 없는 제약으로 하나님께 나아가기 어려운 사람들에게 열려 있는 제사입니다. 또한 이 소제는 번제, 속죄제에 덧붙여 드리기도 합니다. 자유롭지만 엄격한 제사의 특징을 잘가지고 있습니다. 소제가 쉽다고 생각할 수 있습니다. 곡식 가루를 가져다 주기만 하면 되니까 쉽게 생각할 수 있습니다. 그러나 절구통에서 알곡을 부수었던 경험이 있는 사람이라면 알곡을 가루로 만드는 일이 얼마나 힘든 일이라는 것을 알 것입니다. 집에서 깨를 빻을 때도 경험한 것이 있습니다.

먼저, 깨를 먼저 물에 씻는다.

두 번째, 소쿠리에 담아 물기를 뺀다.

세 번째, 불에서 달구어진 팬에서 말리며 물기를 제거 한다.

네 번째, 절구에 부어 가루가 될 때 까지 절구질을 한다.

순서상으로 별로 복잡한 것이 없어 보인다. 그러나 실제 말리고 달구고 물기를 제거하며 절구질하는 동안에 도망가는 쌀알이나 깨알들을 볼 때 쉽지 않습니다. 더구나 빻는 동안 알들이 쉽게 빻아지는 것도 아닙니다. 절구를 들고 내리치는 일로 한 두 시간 안에 끝나는 일도 아닙니다.

물기를 말리기 위해 약한 불 위에 놓인 팬 안의 깨를 볶을 때부터 깨와의 전쟁이 시작됩니다. 물기가 사라지면 마른 깨들이 팬 위에서 톡톡 튀기 시작합니다. 나무로 된 수저로 엎치락뒤치락하는 동안 나를 괴롭힌 것은 물기를 뺀 깨들입니다. 팬에 튕겨나가 주변에서 나를 놀리듯 합니다. 애써 마음을 정리하며 거의 마른 상태가 된 깨들을 절구에 붓습니다, 이번에는 절구통 안의 깨들과 전쟁입니다. 빻고 찧을 때 마다 절구를 피해 밖으로 튀어나갑니다. 억지로 붙잡아 깨들을 잘게 부수어

냅니다.

그러다가 소제의 아픔을 느끼게 되었습니다. 소제는 고운가루를 드리는 것인데 고운가루를 만들기 위해 이러한 전쟁이 치르겠다는 생각이 듭니다. 그런데 이 때 진짜 죽고 완전히 가루가 되는 대상은 밀이나 곡식이 아닙니다. 하나님 앞에 소제를 들고 나가야 하는 제사를 드리는 사람이 고운가루가 되지 않으면 고운가루의 의미가 없다는 것입니다. 가난한 자에게 고운가루를 제물로 하락한 것은 하나님의 억지가 아니라 드리는 사람의 마음을 받으시는 것입니다. 예배할 때 고운가루의 모습으로 예배해야 합니다. 상처를 안고 미움과 다툼을 안고 예배할 수 없음을 하나님께서 알려주시는 것입니다. 그런 의미에서 가장 작은 제물이지만 하나님의 마음에서는 소제가 가장 크고 위대한 제물이 되는 것입니다. 소제는 예배자의 태도를 잘 드러냅니다. 예배는 나를 죽이고 나를 가루로 만들어 하나님 앞에 드림이 됩니다.

화목제

레위기 3장에 등장하는 화목제는 말 그대로 화목(和睦)을 목적으로 합니다. 하나님과 화목을 우선하기 전에 하나님께서 이웃 간의 화목도 원하십니다. 예수님께서 산상수훈을 통해 예배하기 전에 이웃 간의 문제가 있다면 성전 앞으로 나오기 어려움을 말씀하셨습니다. 원망들을 만한 일이란 제물을 드리는 사람의 경우를 이야기합니다. 제물을 드리며 예배하기 전에 육체적으로 영적으로 원망이 받을 만한 일이 있다면 화목을 구하라는 것입니다. 원망받을 일이란 누구보다도 예물을 드리는 사람이 잘 알고 있습니다. 사역의 범위나 기도 시간이나 긍휼의 범위가 전혀 예물을 드리는 상황에 도움을 주지 않는다는 것입니다. 지금 마음속에 하나님의 의와 사랑이 충만한가를 체크하는 것입니다.

편견이나 개인적인 룰(rule)이며 기준으로는 예배됨이 성립되지 않는다는 것입니다. 성경은 화목제를 이렇게 소개합니다.

> 그는 또 그 화목제의 제물 중에서 여호와께 화제를 드릴지니 곧 내장에 덮인 기름과 내장에 붙은 모든 기름과 두 콩팥과 그 위의 기름 곧 허리 쪽에 있는 것과 간에 덮인 꺼풀을 콩팥과 함께 떼어낼 것이요
>
> (레위기 3:3~4절)

화목제에는 반드시 알아야 할 특징이 있습니다. 제물의 제한입니다. 화목 제물에서 비둘기는 제물로 사용이 안 됩니다.

사람이 만일 화목제의 제물을 예물로 드리되 소로 드리려면 수컷이나 암컷이나 흠 없는 것으로 여호와 앞에 드릴지니 (레위기 3:1)

만일 여호와께 예물로 드리는 화목제의 제물이 양이면 수컷이나 암컷이나 흠 없는 것으로 드릴지며

(레위기 3:6)

만일 그의 예물이 염소면 그것을 여호와 앞으로 끌어다가 (레위기 3:12)

감사함으로 드리는 화목제물의 고기는 드리는 그 날에 먹을 것이요 조금이라도 이튿날 아침까지 두지 말 것이니라 (레위기 7:15)

제물에 대한 말씀은 여기서 끝입니다. 화목에 대한 중요한 원리가 말씀 안에 있습니다. 화목제물로 드려진 제물이 화목의 근원이 됩니다. 소나 양은 혼자 먹을 수 없습니다. 잔치 수준의 식사를 해야 화목제가 성립되도록 하나님은 계명을 주신 것입니다. 제물을 드린 사람은 고민할 이유가 없습니다. 오늘 드려진 제사가 온전히 통과되려면 서먹하고 불편한 사이라 할지라도 식사 자리에 불러야 합니다. 입이 한 개라도 더 있어야

그날 다 먹게 되고 제사가 유효가 되기 때문입니다. 그러자면 당연히 화목의 권면을 할 수 밖에 없습니다.

"내가 화복제물 드리는 동안만 휴전하자"

라고 할 수 없습니다. 마음이 괴로워 제사를 드렸다면 손을 먼저 내밀고 화해를 요청하며 하나님의 은혜를 구할 것입니다. 이런 점에서 영적으로 그리스도인은 마음에 맺힌 것이 없는 자가 되어야 예배할 수 있는 것입니다. 몸만 왔다가 몸만 가는 예배가 아닙니다. 미디어 기기를 틀고 동영상으로 예배실황을 시청하고 예배했다고 선포할 수 없는 것입니다. 마음에서 다툼과 미움과 질투를 지워내고 사랑으로 바꿔내야 합니다. 예배의 기초이면서 그리스도인의 삶의 기초가 됩니다.

OBC(Onnuri Bible Club) 요한서신을 공부하던 때 사업을 하시던 집사님께서 직원 때문에 어찌할 바를 모르고 용서 부분에서 상당히 힘들어 하셨습니다. 관계 개선의 길을 찾지 못하겠다고 하셨습니다. 그래서 조언 해 드리기를

"직원들에게 대표로서 감동을 전해주세요"

라고 전해 드린 기억이 있습니다. 이 이야기를 듣고 집사님도 직원을 위해 '감동'에 대한 고민을 많이 하시면서 신앙의 모습을 키워나가시는 것을 지켜보았습니다. 고백하시기를

"하나님은 모든 시간을 주장해 주셨고 내가 생각하지 못했

던 방법으로 훨씬 더 크게 하나님을 체험하도록 허락하셨다"
라고 나눠주셨습니다.

상처를 회복하고 싶다면 시끄러운 마음 상태를 평강으로 바꿔내는 능력을 소유해야 합니다. 예배 앞으로 나와 예수님을 자주 만나야 합니다. 기쁨의 원천이며 복의 근원 되신 예수님을 만날 때 마음 안에 해결되지 않는 답들의 답안지를 발견할 수 있습니다. 하나님은 예배보다 보다 예배자의 마음과 태도를 더 중요시 여기십니다. 예배하는 자의 정결함과 거룩함 뿐 아니라 주변과의 관계문제도 살피십니다. 예수님도 산상수훈을 통해 선포하셨습니다.

> 그러므로 예물을 제단에 드리려다가 거기서 네 형제에게 원망들을 만한 일이 있는 것이 생각나거든 예물을 제단 앞에 두고 먼저 가서 형제와 화목하고 그 후에 와서 예물을 드리라 (마태복음 5:23~24)

예물을 제단에 드린다는 것은 예배의 가장 기본 자세이며 준비일 것입니다. 하지만 여기서 하나님은 예배자를 멈추어 세우시고 질문하십니다.

"네 형제에게 원망들을 일이 없느냐?"

그 일의 크기에 상관없이 원망들을 일이 있다면 내게 오는 것이 아니라 그 문제를 해결하는 것이 예배함의 우선순위라는 것을 알려주셨습니다. 명확하게 말씀하셨습니다.

"예물을 제단 앞에 두고 먼저 그 형제에게 가서 화목하고 오라"

예배하기 전에 화목이 우선임을 알리고 있습니다. 이것이 예배자의 바른 태도입니다. 상처를 치유하는 분명한 길입니다.

화목제의 두 번째 특징은 다른 제사와 다른 것은 먹을 것이 있다는 것입니다. 기름을 제외하고는 제사장과 제물을 가져온 사람이 도로 가져가서 제물의 일부를 먹게 됩니다.

> 그 예수를 하나님이 그의 피로써 믿음으로 말미암는 화목제물로 세우셨으니 이는 하나님께서 길이 참으시는 중에 전에 지은 죄를 간과하심으로 자기의 의로우심을 나타내려 하심이니 (로마서 3:25)

예수님을 화목제물로 주셨다는 것은 하나님께서 스스로 좋으라고 주신 것이 아닙니다. 예수님을 우리가 소유할 수 있는 것입니다. 십자가에서 죽으시고 부활하셨다고 다 끝나시고 하늘에 계신 것이 아니라 예수님을 하나님과 더불어 중보자로 높이는 것입니다. 예수님은 우리 쪽에도 계시고 하나님 쪽에도 계신 것입니다. 이런 설계, 이런 프로그램을 만드셔서 우리에게 주신 것입니다. 얼마나 놀랍고 감사합니까? 그래서 하나님께 나아가기 위해서는 다른 것이 필요 없는 것입니다. 그래서 '오직 믿음'입니다. 예수 그리스도가 십자가에서 죽으시고 부활하신 사건을 확실히 믿고 그 믿음 안에서 두려움 없이 천국을 소망하며 믿음을 지키면 천국에 간다는 것입니다. 이것이 화목제를 통한 하나님의 프로그램입니다. 특별히 화목제는 번제와 함께 드립니다. 그런데 믿음이 레위기 제사법과 관련되어 어느 정도의 믿음을 요구하는지 확실히 이해해야 합니다. 제물을 가져온 사람이 안수합니다. 전가 이루어집니다. 영접하고 믿음을 고백하는 순간 자신의 죄가 예수님에게 전가되는 영적 사건이 이루어집니다. 그리고 제물을 가져온 사람이 제물을 죽입니다. 피흘림의 순간입니다. 십자가의 사건이 반드시 존재하는 이유입니다. 그 피가 생명을 바꾼 것입니다. 예배를 드린 사람은 내가 십자가에서 예수님을 죽이고 생명을 얻었다고 하는 신앙고백이 반드시 통과되어야 합니다. 우리는 회개를 너무 쉽게 합니다. 생각하고 뉘우치고 입으로 말하면 되니까 회개를 편하게 하지만 영으로는 십자가에서 예수님을 계속 못 박고 있다는 것입니다. 어쩌면 더 이상 박을 자리가 없을 수도 있습니다. 그래서 예배는 이런 마음으로 참여하는 것입니다.

'화려하고 기술 좋은 찬양곡에 감동하고 찬양인도자의 찬양에 감동하여 은혜받는 것이 아니라 스스로 곡을 찬양하고 주님 앞에 나아가 십자가에 박힌 못을 **빼야** 하는 것'입니다. 눈물 흘리며 십자가에 박힌 못 앞에 엎드려 바르게 살겠다고 결단하는 것이 회개이며 예배입니다. 이것을 온전히 깨닫는 것이 믿음입니다.

"내가 십자가에 예수님을 못 박고 생명을 얻었구나" 하고 고백하는 것입니다.

6년간 섬겼던 실버타운의 교회는 언제나 응급환자들이 생기는 장면을 경험합니다. 그중 80대 중반의 장로님에게 뇌출혈이 찾아왔습니다. 건강하고 활기가 있으셔서 이런 일이 생길 것이라고는 생각하지도 못했습니다. 팔씨름 시합을 해도 웬만한 젊은이를 이길듯한 건장함과 키가 180 cm는 되셨으니 당시의 어르신들과 비교하면 거구와 다름이 없으셨습니다. 그러나 어르신들은 겉모습만 보아서는 속 건강을 알 수 없듯이 한순간에 쓰러지셨습니다.

후에 들은 이야기로는 아침부터 머리가 어지러워서 무슨 일인가 했답니다. 점심쯤 집에 계시는데 쓰러짐을 당하고 도저히 안 될 것 같아 119에 신고하고 병원으로 실려 간 것입니다. 다행히 **빠른** 대처로 큰 해는 당하지 않았지만 병원의 병명은 '뇌출혈'이었습니다. 수술을 하시고 노인전문병원에 입원을 하셨습니다.

문병 겸 심방을 갔는데 당시에 나누던 대화는 현실을 인지하지 못하시는 것입니다. 40년 전 교사 시절에 있었던 일을 계속 되풀이 해서 말씀하시면서 "영어가 어떻고, 수학이 어떻다."는 등의 말을 반복하셨습니다. 두 달 여쯤 시간이 흘러 사시던 실버타운으로 돌아오셨습니다. 몸 상태는 괜찮아 보이셨지만 예전 만큼의 우렁찬 목소리나 쾌활함은 들을 수도 볼 수도 없는 상태였습니다. 이후로 주일예배와 수요예배에 나오시며 상황들을 이기시려고 무단히 애를 쓰셨습니다. 댁으로 심방을 갔을 때에도 넓은 책상에 큰 글씨 성경책이 놓여 있었습니다.

"목사님, 요즘 성경 읽기로 시간을 보냅니다."

그렇게 몇 달의 시간이 흐른 어느 날 장로님으로부터 전화가 왔습니다.

"목사님! 생각이 났습니다. 수첩에 적혀 있는 사람들이 누군지 몰랐는데 생각이 났어요. 그리고 영어성경이 무슨 뜻인지 몰랐는데 영어성경이 읽히네요. 성경을 열심히 읽었는데 하나님이 저를 회복시켜 주셨어요."

라는 내용이었습니다. 뇌출혈로 돌아올 수 없는 상태였는데 예배와 성경이 삶의 일부이시더니 하나님의 큰 은혜가 임재한 것입니다. 십자가를 붙들고 하나님만을 구했더니 찾아온 기적입니다.

물론 모든 성도에게 동일하게 적용될 수 없지만 하나님께서 사랑하고 계심이 '구하고, 찾고, 두드리'는 자에게 열려 있음을 보게 됩니다. 우울증이든 공황증세든 환경이 바뀌기를 기대하는 것이 아니라 하나님과 동행을 끝없이 소망해야 합니다. 하나님과의 화목은 하나님을 두드리는 자에게 열립니다.

속죄제

속죄제는 제물보다 누가 제물을 드리는지 위치가 중요합니다. 속죄제는 죄의 크기가 아닙니다. 어떤 죄를 지었는지가 중요하지 않습니다. 속죄제의 특징은 영향력입니다. 제사하는 사람의 위치가 어떠하냐에 따라 제사의 제물이 구분되어 집니다. 베드로가 말합니다.

"너희는 거룩한 제사장이다."

신분을 알고 믿음의 삶을 살아가는 것이 필요합니다. 하나님은 죄의 크기가 아니라 죄를 짓은 신분을 뚫어보십니다.

그러나 너희는 택하신 족속이요 왕 같은 제사장들이요 거룩한 나라요 그의 소유가 된 백성이니 이는 너희를

어두운 데서 불러 내어 그의 기이한 빛에 들어가게 하
신 이의 아름다운 덕을 선포하게 하려 하심이라

(베드로전서 2:9)

예수님의 죽으심 이후에 복음 안에 사는 자는 신분의 변화
가 일어난 것입니다. 구약시대에 이스라엘 민족 안에는 제사
장, 리더와 평민들로 구분했습니다. 그러나 십자가 사건 이후
믿는 자들은 모두가 하나님의 자녀 됨을 확신하고 살아야 합
니다. 믿는 자들이 행하는 속죄 제물은 황소입니다. 죄를 지은
자의 영향력입니다. 죄 안에 있다는 것은 그 죄의 개수나 모양
과는 전혀 관계없습니다. 작은 물건을 하나 훔쳤어도 속죄 제
물은 황소를 드려야 합니다. 마음에 음욕을 품었을지라도 황소
를 드려야 합니다. 작은 죄를 지었으니까 "이 정도는 괜찮겠
지."하는 생각은 큰 오산입니다. 특히 죄를 범하는 자들은 대
가를 원합니다. 보상을 바랍니다.

"이 정도를 했으면......"

하는 말로 죄를 보상하려고 합니다. 죄는 보상되는 것이 아니
라 죄지은 자를 어둠에 갇히게 합니다. 죄를 방관하는 일도 죄
입니다. 죄를 짓는 자 옆에 서서 지켜보는 것, 역시 죄입니다.
드러나는 죄만 죄가 아닙니다, 마음에 품고 있는 욕망들이 죄

가 됩니다.

탐욕은 성도의 삶을 붕괴시킵니다. 믿음으로 이기는 훈련이 되지 않으면 탐욕은 우상숭배가 될 수밖에 없습니다. 탐욕 외에는 관계도 사라집니다. 탐욕 외에는 긍휼함도 사라집니다. 탐욕의 결론은 분노이고 거짓의 드러남이며 술수라는 것을 깨달아야 합니다.

예수님의 죽으심은 이러한 모든 죄가 삶 속에 흔적처럼 남아는 있으나 자신이 죄인임을 명심하고 겸손하게 살아가길 원합니다. 그래서 우리에게 보여 주신 예수님의 성품이 겸손입니다. 그러나 인간은 사악하여 자신이 무슨 죄를 짓는지도 모른 채 지속 되어 죄를 짓고 있습니다. 이것이 성경을 위반하는 것이며 예배당에 앉아 "할렐루아, 아멘"하고 소리쳐도 아무 소용 없는 것입니다. 특히

"아멘"

은 선포자의 말에 '동의합니다'라는 1차적인 의미를 넘어 '그렇게 살겠습니다.'라는 의미가 포함되어 있습니다.

겸손이 사라진 예배는 죄악이며 겸손이 사라진 신앙은 자기의 의이며 겸손이 지워진 삶은 교만투성이라는 점을 깨달아야 합니다. 예수님의 죽으심은 우리를 구원하며 복음으로 우리의 성품을 겸손으로 변화시키는 것입니다. 겸손을 잃어버린 신앙

은 복음과도 멀어지며 거듭남과도 멀어졌다는 점을 인식하고 '다시 날마다' 거듭나기 위해 겸손 앞에 엎드려야 합니다.

제가 중국에서 발령이 된 후에 들은 말입니다. 사역을 하러 중국으로 파송하려면 안 간다고 합니다. 그런데 "미국 가라" 하면 가지 말라고 붙들어도 짐을 싼다는 것입니다. 이것이 목회자 이전에 욕심에 맞춰 살아가는 인간들의 모습입니다. 이것이 그리스도인의 현주소입니다. 그래서 하나님은 그분의 속성 중에 기다림, 인내함, 피흘림과 같은 성숙을 보여 주시는 것입니다.

레위기가 바로 그 기준입니다. 하나님을 만나는 법, 그리스도의 구원 사건을 깨닫게 되는 법, 하나님이 어떤 속성을 지니셨는지를 알 수 있는 법입니다. 이 법을 지키느냐 지키지 못하느냐에 목숨을 걸려고 하지만 하나님은 이 말씀을 통해 하나님을 알기를 원하십니다. 우리가 하나님을 안다고 한다면, 하나님을 믿고 사랑한다고 고백했다면 바로 이 레위기 속에 살아야 하는 것입니다.

> 그들이 하나님을 안다고 주장하지만 행위로는 부인하니
> 그들은 가증스러운 사람들이요 불순종하는 사람들이며
> 모든 선한 일을 행하기에 부적합한 사람들이다.
>
> (디도서 1장 16절)

우리의 능력은 일이나 사역을 성취하는 것에 있지 않습니다. 어떤 프로그램에 인원을 많이 채우고 위대함을 알리는 것에 있지 않습니다. 우리는 말씀을 지키므로 인해서 능력이 자라나는 것입니다. 그런데 어떤 능력일까요? 사업적 수완이 좋아지고 좋은 학교 가고 공부 잘하고 기도하면 척척 응답 되는 세상의 가치가 아닙니다. 말씀으로 살아가면 힘들어도 참아내는 인내의 능력이 생기는 것입니다. 힘들어도 힘든 것이 아니라 감사가 생기는 것입니다. 길이 보이지 않아도 그 길 위에 서서 헌신할 수 있는 능력이 생기는 것입니다. 율법이 어려운 것이 아니라 내게 도움이 안 되기 때문에 읽기 어려운 것이 아닐까요? 우리의 생각입니다.

"레위기는 내 일생에 도움이 안돼?

과연 그럴까요? 이제는 성경을 읽는 목적이 바뀌어야 합니다. 눈에 보이는 것이 아니라 눈에 보이지 않는 현상들을 축복하며 인내하고 그것이 우리의 무기가 되어서 하나님의 뜻을 이루어야 합니다.

속죄제의 특징은 누가 제사를 드리며 어떤 제물을 드리느냐가 중요합니다. 속죄는 말 그대로 '죄를 용서받는 것'입니다. 그러나 제사의 중심은 나에게 있는 것이 아니라 제물에게 있다는 것도 깨달아야 합니다. 우리는 다 '자기중심'입니다. 그러다 보니 제물을 중요하게 여기지 않습니다. 그러니까 레위기가 어려워집니다. 도대체 이게 나랑 무슨 상관일까? 그저 이번 사건에 대해 용서받으면 끝이라는 생각입니다. 지금도 이러한 제사를 지낸다면 얼마나 웃기겠습니까? 제사의 순서를 기다리기 위한 줄이 얼마나 길까요? 아마도 요즘 유명 식당의 대기 시스템들이 존재하는 것처럼 제사 순서를 위해 대기하는 프로그램들이 즐비할 것입니다. 게다가 아침에 온 사람이 저녁에 또 속죄제를 드리러 옵니다. 제사장과 눈이 마주치면 얼마나 무안(無顔)할까요? 우리에게 속죄의 제사를 허락한 것은 죄를 짓고 '제사하기만 하면 된다'는 것을 알려주시는 것이 아닙니다. 어떠한 '죄도 짓지 말라'는 것입니다, 나 때문에, 나의 죄로 인해 어린 양이 목숨을 잃어야 한다는 것입니다. 무엇을 말하고 있습니까? 우리의 죄 때문에 그리스도께서 십자가에 달려 죽으셨다는 것입니다. 아담의 원죄가 온 인류에게 영향을 미치고 악에게 문을 열어 준 것입니다. 이로 인하여 십자가의 죽음이 아니면 죄사함을 받을 수 없는 것입니다. 이것을 믿고 구하며 믿음 앞에 나아가 하나님의 사람답게 살아가야 합니다.

레위기를 읽으면서 죽어가는 양의 모습을 떠올린다면 잘 읽어진 것이고 바르게 묵상 된 것입니다. 그저 '아 이럴 때는 양으로 제사를 드리는구나'라고 지나간다면 '아! 예수님이 나를 위해 죽으셨구나" 정도로 지식을 쌓는 것과 다를 바가 없습니다.

"또 죄를 저지르고 회개하면 된데······"

이런 식으로 분노하고 회개하고, 질투하고 회개하고, 모함하고 회개하고, 수군거리고 회개하고 계속 삶은 인간적으로 살아가면서 회개하는 남용을 하는 것입니다. 다시 말하면 계속 예수님을 십자가에 못 박는 일을 하고 있다는 것입니다.

오늘 몇 번이나 예수님을 십자가에 못 박으셨나요? 주어진 일을 게을리할 때, 학생이라면 공부해야 하는 것입니다. 직장인이라면 직장에서 그리스도인다운 삶을 위해 열심히 땀 흘려야 하는 것입니다. 목회자라면 선(善)을 드러내며 하나님의 말씀을 삶으로 증거해야 할 책무가 있습니다. 그리스도가 우리의 죄를 대신하신 것처럼 속죄제도 그 중요성은 제물이 있습니다. 제사의 방식이나 형식보다는 죄의 비중을 제물이 말해 줍니다

4장	3-12절	제사장	–	수송아지
	13-21절	회중	–	수송아지
	22-26절	족장	–	숫염소
	27-31절	평민	–	암염소
	32-35절	평민	–	어린양
5장	1-7절		–	비둘기
	11절		–	고운가루

정리하자면, 이 의미는 누가 제사하느냐에 따라 속죄가 형성되다는 것입니다. 제사장이 죄를 수송아지로 제사합니다. 회중이 죄를 범했을 때 수송아지입니다. 이스라엘의 족장이 죄를 범했다면 숫염소로 제사합니다. 평민이 죄를 저지른 경우는 암염소나 어린양으로 제사를 합니다. 속죄제에서 구분한다면 방법보다는 누가 죄를 지었는지의 중요성을 인식해야 합니다. 속죄제를 읽고 깨달아야 할 것은 '내가 누구인가?'입니다. 이스라엘 당시에는 신분 규칙이 있었지만 현대 사회는 차별이 없습니다. 더욱이 믿는 그리스도인은 '만인제사장설'에 기준 한다면 모두 최상급의 제사를 드립니다. 지금 '송아지'를 이끌고 하나님 앞으로 나아가야 할 신분입니다. 그런데 감사하게 이와 같은 큰 일을 예수님께서 한 번에 마친 것입니다. 만일 반복해서 죄를 짓고 있다면 송아지의 비중을 둔 예수님을 죽이는 것입니다. 하나님의 관점에서는 얼마든지 죽어주실 수 있으나 성도는 한 번에 끊어진 죄의 고리를 붙들고 있으면 안 됩니다. 끊임없이 말씀을 읽고 암송하면서 말씀 앞에 거룩해지는 성화의 길을 걷는 것이 바른 속죄의 제사를 치르는 것입니다. 속죄제에서 기억할 것은 누가 어떤 제물로 드려지나를 관심 있게 살피면 됩니다. 제사하는 방식은 화목제와 다를 바 없습니다. 피와 기름은 하나님의 것이므로 만질 수 없으며 내장과 간과

콩팥 중심의 기름은 태우는 것입니다.

> 그 수송아지의 가죽과 그 모든 고기와 그것의 머리와
> 정강이와 내장과 똥 곧 그 송아지의 전체를 진영 바깥
> 재 버리는 곳인 정결한 곳으로 가져다가 불로 나무 위
> 에서 사르되 곧 재 버리는 곳에서 불사를지니라
>
> (레위기 4:11~12)

12절의 말씀처럼 재 버리는 곳에서 하나님께 드리지 못하는 것을 태워버리는 것입니다. 번제단에서 태워 하나님께 흠향하는 것과는 별개로 재 버리는 곳에서 태워야 한다는 것입니다. 죄를 없게 하는 것입니다. 마찬가지로 현대 예배에도 이 같은 구분이 있어야 합니다. 하나님께 흠향하여 드리는 모습이 있지만 하나님께 부끄러운 모습은 죄로 여기고 자신의 삶 속에서 뿌리 뽑아야 합니다. 주의할 것은 죄는 상쇄되지 않는다는 것입니다. 성경을 일독했으니 '이 정도의 죄는 용납되겠지'하며 죄의 모습의 무게를 낮추어서는 안 됩니다. 죄의 무게는 동일합니다. 크고 작은 구분이 없고 십자가 보혈만큼의 크기를 지니기에 어떤 것도 자신의 행위와 상쇄되지 않음을 인식해야 합니다. 죄를 없애는 방법은 회개함으로 죄를 깨달아 멀리하며 삶의 습관 속에서 완전히 멸해야 합니다. 재 버리는 곳에 버려

태우는 것처럼 삶의 영역 밖으로 던져 버리고 다시는 생활 속에서 드러나지 않게 주의해야 합니다. 언어나 생각에까지 미치지 않도록 항상 말씀 앞에 바로 서야 온전한 예배가 되며 산제물의 모습으로 예배하는 것입니다. 또한 제사법의 말씀을 읽으며 하나님께서 죄를 미워하시며 죄를 완전히 없애는 것을 알게 됩니다. 재 버리는 곳에 버리되 나무 위에서 사르라고 말씀합니다. 불이 거세지려면 태움 당하는 물체가 필요한데 그것이 나무입니다. 나무가 있어야 완전한 재로 만들어 버립니다.

속죄의 의미를 자주 활용해서는 안 될 것입니다. 우리가 지금 짓고 있는 죄들 중에 우발적인 죄가 많을까요? 아니면 죄인 줄 알고 나쁜 것인 줄 알고 지은 죄가 많을까요? 만약 죄인 줄 모르고 죄를 짓었다고 우긴다면 우발적인 죄가 아니라 교만의 죄가 있어 더욱 큰 죄인입니다. 죄악으로 빠지게 하는 사단은 영특해서 우리가 지은 죄들이 점점 핑곗거리로, 당연한 것으로 오히려 내가 이렇게 죄를 지은 것은 보상의 대가로 바꾸는 경향이 있습니다. 특히 주의해야 할 죄는 '험담'입니다. 좀 더 익숙한 단어라면 로마서에 등장하는 '수군수군'(로마서 1:29)입니다. 나누는 대화의 주제가 되는 사람을 비난하고 깎아내리며 몰아세운다면 엄청난 죄를 짓고 있는 것이며 이것을 알면서도 모른 척하는 사람은 더욱 큰 죄를 짓는 사람입니다. 그 위치가 리더의 자리라면 믿음의 흉내만 내고 하나님을 '우상화'하는 일입니다. 갈라디아서 5장 19절부터 21절까지 말씀에 하나님은 분명하게 우리에게 경고합니다.

> 육체의 일들은 명백합니다. 곧 음행과 더러움과 방종과 우상숭배와 마술과 원수 맺음과 다툼과 시기와 분노와 이기심과 분열과 분파와 질투와 술 취함과 방탕과 또 이와 같은 것들입니다. 내가 전에 경고한 것처럼 지금도 경고합니다. 이런 일을 행하는 사람들은 하나님 나라를 상속받지 못할 것입니다. (갈라디아서 5:19~21)

> 누구든지 자기 형제를 미워하는 사람은 살인자입니다. 여러분이 알다시피 살인하는 자는 누구든지 그 안에 영생을 소유하지 못한 사람입니다 (요한일서 3:14)

그런데 우리는 이런 경고를 무시합니다. 그리고 좋은 대로 해석하고 좋을 대로 살아가면서 그 죄가 죄가 아니라 보상 차원에서 그리고 하나님께 충성 차원에서 이루어진 것으로 여기고 다른 사람의 심령을 죽이는 일에 앞장섭니다. 또 자기의 편리를 위해 다른 사람과 환경을 이용하면서 위해 주는 척합니다. 하나님은 이런 자들에게 경고합니다. 속죄의 제사가 중요한 것이 아니라 그 제사를 드리기에 합당한 지 너의 처지를 바라보라는 것입니다. 무엇이 죄인지 깨달으라는 것입니다.

공동체의 위기가 있어도 무관심한 그리스도인이 있습니다. 함께하는 불편함을 이기지 못합니다. 진짜를 알면서도 진실 앞에 위증하고 거짓으로 대하고 묵비권을 행사하는 사람도 결국은 자신의 유익만 생각하는 사람입니다. 언젠가 진리는 나타나고 드러납니다. 설령 진실 앞에 당하고 있는 사람일지라도 지금 억울해하지 마십시오. 그 십자가가 하늘나라로 인도하고 이러한 삶의 고백이 우리를 청결하고 거룩하게 만들어 하나님의 말씀대로 살아가는 그리스도인을 만드는 것입니다.

> 이 중 하나에 허물이 있을 때에는 아무 일에 잘못하였노라 자복하고 (레위기 5:5)

> 하나님의 영으로 섬기고 그리스도 예수를 자랑하며 육체를 내세우지 않는 우리가 참 할례 받은 사람입니다.
>
> (빌립보서 3:3)

레위기를 읽으면서 우리가 정말 깨달아야 하는 것은 복잡한 제사의 형식이 아니라 드리는 자의 고백과 마음 그리고 행동입니다. 사역의 광대함보다는 개인적으로 정결함과 정직과 하나님 중심의 삶이라는 것을 기억해야 합니다. 사역은 사람이 하는 것이 아니라 하나님께서 이루시는 것입니다. 마치 사람이 사역의 주체가 되는 듯 주인공 역할을 하는 순간 그리스도인이라는 것은 깨어지고 맙니다. 아직도 이런 착각 속에서 교회를 움직이고 선교지를 움직이고 사역지를 움직이는 사람들이 참 많습니다. 결국 천국에 갈 수 있는 사람은 '하나님이 찾으시는 한 사람'입니다.

속건제

속건제와 속죄제의 차이점은 명확하지는 않습니다. 속죄제가 하나님의 계명에 분명히 나타난 어떤 율법을 어겼을 경우 그것을 사함 받기 위해 드린 제사라면 속건제는 인간 상호 간이나 혹은 하나님의 성물에 대해서 과오를 범했을 때 그 죄를 사함 받기 위해 드려 진 제사입니다. 그리고 이때 죄를 범한 사람은 손해를 입힌 사람이나 성물에 대하여 그 피해액의 오분의 일을 더 배상해야만 하나님께 속건제를 드릴 수 있는 특징이 있습니다.

우리는 이러한 제사를 통해 이 세상의 주인 또한 내 인생의 주인이 누구인지를 명확히 깨달아야 합니다. 모든 것이 내 것이 아니라는 것입니다. 두 번 기회가 주어지지 않습니다. 가끔 장례예배를 인도하다 보면 시간보다 더 중요한 것은 방향이라는 것을 확실히 깨닫습니다. 먼저 세상을 떠나지만 하늘나라를 갈 수 있는 사람, 나중에 오래도록 인생을 살다 가지만 자녀들이 정말 천국 가셨는지를 고민하는 부모들, 우리 인생이 그리 긴 것 같지는 않습니다. 하나님의 관심은 우리의 손이 아니라 마음에 있습니다. 무엇을 가지고 하나님 앞에 나왔는가보다 우리가 어떤 마음으로 신앙생활을 하는지에 있다는 것입니다.

3. 상처 회복, 그래서 필요한 영적 예배

　우리는 항상 예배합니다. 그 대상이 '무엇이냐?'가 문제일 뿐이지 누구나 예배하는 일상을 살고 있습니다. 예배는 배움에서 시작합니다. 내가 공부해서 터득한 것은 예배가 되지 못합니다. 다른 누군가의 터득됨이 나를 변화시킬 수 있는 상태가 예배의 상태입니다. 다른 사람의 것을 받아들이지 못한다면 그 안에는 반드시 교만이 존재합니다. 그래서 너는 틀리고 그렇게 살면 안 되고 하는 말을 하게 됩니다. 예배에 대한 강의를 하면

　"예배란 무엇입까?"

라는 질문에서 시작할 때가 많습니다. 보통 신앙인이 듣는 답은

　"하나님을 경배하는 것"

이라고 많은 대답을 합니다. 창세기 26:1은 이렇게 시작합니다.

　"그 땅에 또 흉년이 들었더라"

　아브라함 시대에도 흉년이 들었던 적이 있었습니다. 그런데 26:2절에 여호와께서 나타납니다.

　"애굽으로 가지 말고 내가 지시한 땅으로 가라"

고 말씀하십니다. 사람들은

"애굽으로 가야 한다"

라고 말합니다. 왜냐 하면 애굽은 먹을 것이 풍부했습니다. 애굽은 나일강으로 인하여 마르지 않습니다. 큰 강이고 비옥해서 농사도 잘됩니다. 그런데 하나님은 흉년 중에 애굽으로 가지 말라고 하십니다. 우리는 애굽을 원하지만 하나님은 하나님 안에 살기를 원합니다. 내가 원하는 것 다 줄 테니 내 안에 살라고 합니다. 그러나 믿는 사람들조차

"믿습니다"

라고 말하면서도 사실은 내 것을 더 챙깁니다. 하나님보다 내가 만족해야 합니다. 내가 기뻐해야 하고 내가 좋아해야 하고 내가 이겨야 합니다. 자신을 돌아볼 줄 모르고 내가 박수를 받아야 한다고 고집만 합니다. 결국은 믿음이 있다고 하면서도 결국 내 뜻대로 살아갑니다. 그러면서 하나님을 가까이하는 척하면서 믿음의 사람들을 기만합니다. 하나님까지도 기만합니다. 결국 자기를 위한 예배는 모든 것을 기만합니다.

성경은 우리에게 가장 큰 숙제를 줍니다. '원수를 사랑하고 너희를 박해하는 자를 위해 기도하라'는 것입니다. 인간이 할 수 없는 것을 하라고 하시는 것은 우리에게 모든 책임을 떠넘기시는 것이 아닙니다. 그럴수록 하나님께 나아오라고 하는 것

입니다. 이것이 참된 예배입니다. 우리의 감정을 그대로 들고 가서

"하나님, 내 마음 아시죠?"

라고 합니다. 하나님은 한마디 하십니다.

"원수를 사랑하고 너를 박해하는 자를 사랑하라."

그러나 또 반복됩니다. 다시 묻게 됩니다.

"하나님, 내 마음 아시죠?"

하나님의 대답도 동일합니다.

"원수를 사랑하고 너를 박해하는 자를 위해 기도하라"

우리가 '혼'으로 사는 것이 아니라 '영'으로 사는 것입니다. 영으로 사는 것이 복의 시작입니다. 자신의 것을 우선하며 마음을 위로받기보다 하나님의 말씀을 따를 때 복과 치유가 시작됩니다. 이것이 영적인 비밀입니다. 이삭이 땅을 파는 곳마다 우물이 됩니다. 영적 비밀 안에서 살면 우리가 사는 곳이 축복의 땅으로 변하는 것입니다.

신앙도 철들어야 합니다. '미안해서', '죄송해서', '주변에서 믿는다고 했으니까' 믿는 척하려고 하나님과 관계하면 아버지와 아들의 관계가 될 수 없습니다. 하나님은 인간의 결정이 어떠하든 사랑하듯이 하나님의 인도하심이 어떠하든 하나님을 사랑해야 합니다. 이것이 믿음입니다. 이런 믿음이 있으면 갈

등하지 않습니다.

　우울증이란 막힌 길을 바라보면 다가오는 병이기도 합니다. 벌여 놓은 상점이, 벌여 놓은 기업이, 벌여 놓은 사업이 곧 망할 위기에 놓입니다. 위기 속에서 은행의 이자와 원금은 한 번의 양보도 없이 목을 쪼여 옵니다. 우울로 인해 잠도 오지 않습니다. 우울의 친구는 불면입니다. 합쳐서 밀고 쳐들어오는데 당해낼 힘이 없습니다. 그래서 목숨을 가지고 장난을 치려고 합니다.

　이러한 압박을 풀어주는 능력이 기도에 매달리는 것입니다.

"기도하면 답이 나오냐? 돈이 나오냐?"

하면서 실질적인 답을 구할 수 있지만 기도는 보이지 않는 영적 환경을 바꾸는 힘입니다.

"기도하면 좋아질 거야"

를 말하는 것이 아닙니다. '기도하면 좋아지겠지'하는 답은 기도를 부적처럼 여기는 것입니다. 모든 환경에서 하나님이 원하는 것은 하나님의 자녀가 되는 것입니다. 그래서 회개가 필요하고 성경적인 삶으로 바꾸는 것이 필요합니다. 이렇게 변하다 보면 영적인 변화 속에서 참된 길을 발견할 뿐 아니라 어떤 환경 속에서든 감사와 형통을 얻게 됩니다.

　이러한 환경을 이겨낸 성경 인물이 요셉입니다. 요셉은 환경과 손잡은 일이 없습니다. 오직 하나님을 바라봅니다. 내가 왜 감옥에 왔는지를 불평하지 않습니다. 오히려 감옥에서 길을 찾습니다. 요셉이라고 해서 혈기가 없지는 않았을 것입니다. 그러나 요셉은 탐심과 욕망과 다투지 않습니다. 하나님이 기뻐하는 자리로 가는 것을 기뻐했습니다. 하나님께 죄짓지 않는 길을 택하는 것에 감사했던 인물입니다. 그래서 요셉은 우울을 찾아볼 수 없습니다.

바로 이런 행동이 예배입니다. 아무 탐심 없고 아무런 욕망이 없는 것에서 더 나아가 하나님을 중심으로 생각하고 하나님께 영광 돌리며 하나님께 죄짓지 않는 삶이 예배입니다. 주일을 지키리라는 마음으로 '주일성수'만이 예배의 자리가 아니라 삶이 예배가 되어야 합니다. 삶의 목적, 삶의 방향이 예배일 때 주일에 행하는 모든 활동이 참된 예배가 되는 것입니다. 실버타운의 교회를 섬기며 신앙의 1세대인 어르신들의 예배하는 모습과 평상시 신앙의 삶을 보면 참된 예배가 무엇인지 배우게 됩니다. 교회도 무수히 많은 것을 잃어버렸습니다. 교회나 세상의 조직이나 다를 바가 없어졌습니다. 돈의 권위로 권력만을 유지하는 세상이나 힘을 잃은 채 권력을 유지하기 위해 지연, 학연을 내세우고 말 잘 듣는 사람을 대우하는 교회나 다를 바가 없습니다. 하나님의 인도하심은 사라진 지 오래고

명맥만을 유지한 채 숨만 쉬는 교회가 됩니다. 점점 유럽의 교회들이 되어가고 젊음과 패기와 야성이 사라진 지 오래되었습니다.

4. 우울 안에 사는가? 성령 안에 사는가?

불안함이 있습니까? 두려움이 존재합니까? 답답하십니까? 우울하세요? 원인을 알았다면 해답을 알고 실타래가 풀리기 시작합니다. 해답이 무엇입니까? 해답은 성령이 우리에게 임하는 것입니다. 성령의 임재를 기도하고 성령의 임재가 가능한 삶을 사는 것입니다. 그것은 성전의 아름다운 문(행 3:2)처럼 겉모습이 아름답고 해결되는 문제가 아닙니다. 반대로 겉모습이 불리하다고 해결 안 되는 것이 아닙니다. 해결의 출발은 성령 안에 사는 것입니다.

대부분 우울을 가지고 우울 안에서 숨어 사는 것으로 평안을 유지하려고 합니다. 하지만 거주지를 옮겨야 합니다.

"성령으로 살면 성령으로 행하라." '갈라디아서'의 말씀입니다. 내 길로 사는 것이 아니라 성령의 길로 사는 것입니다.

북경에서 만난 선교사님이 계셨는데 그분의 딸이 저의 제자이기도 합니다. 지금은 한국에 거주하지만 몇 년 전까지만 해도 중국에 거하면서 한국에 잠시 들어올 때마다 인사차 들리기도 했습니다. 결혼한다는 소식이 들렸습니다. 그런데 다시 소식이 들렸습니다. 결혼을 한 주 앞두고 파혼했다는 안타까운 소식이었습니다. 신랑 가정의 신앙문제로 인해 파혼한 것입니다. 문제는 신부 된 자매가 자신의 카드로 신혼집에 들어갈 가전제품을 이미 구입하였고 이미 배달을 마친 상태였습니다. 그러니 가전제품을 물릴 수도 없는 상황이었습니다. 지금도 가전제품 구입비용을 치르고 있다고 합니다. 더욱이 부모님이 선교사님이신데 코로나로 인해 선교 사역을 못 하고 있다 보니 부모님께 매달 일정의 생활비용으로 드리고 있다는 것입니다. 이 자매는 무엇으로 살고 있을까요? 아마도 환경에 져 버리고 밀려드는 낙심에 두 손 들었다면 우울 안에서 살았을 것입니다. 하지만 성령 안에 사는 사람의 선택은 다릅니다. 파혼하며 자매는 명예와 권력을 찾는, 믿음이 연약한 남자친구가 아니라 지금까지 자신을 지켜주신 하나님을 선택한 것입니다. 물론 성령으로 산다고 해서 모든 일이 한 번에 술술 잘 풀리는 것이 아닙니다. 그러나 성령은 모든 것을 이기는 힘과 능력을 주십니다. 태어나면서부터 걷지 못하는 사람이 앉아서 매일 바라보던 아름다운 문이 빛나고 아름다워도 성령의 능력보다 아름다울 수 없습니다. 베드로는 태어나면서부터 걷지 못하는 사람을 만납니다. 태어나면서부터 걷지 못하는 사람은 구걸을 합니다. 베드로와 요한을 발견합니다. 태어나면서 걷지 못하는 사람의 마음을 잘 기록하고 있습니다.

그는 그들에게서 무엇을 얻을까 하고 그들을 쳐다보았
습니다. (사도행전 3:5)

그는 걷지 못하는 자이고 그들은 베드로와 요한을 가리킵니
다. 믿음의 사람을 만나면 믿음을 만날 수 있습니다. 불평 가
득한 사람을 만나면 불평을 만납니다. 거짓말하는 사람을 만나
면 부정직을 만납니다. 육적인 사람을 만나면 핑계와 변명으로
살아가는 육신의 사람이 되는 것입니다. 성령의 사람을 만나면
성령을 만나는 것입니다. 분노를 버리십시오. 두려움을 버리십
시오. 교만을 버리십시오. 하나님을 만나면 하나님의 사람이
되는 것입니다.

태어나면서부터 걷지 못하는 사람이 베드로를 만난 것은 하
나님의 은혜입니다. 성령의 사람을 만나니까 치유가 일어납니
다. 성령의 사람을 만나니까 새롭게 변화됩니다. 그 시작을 몰
랐지만 성령이 임재하니까 선한 곳으로 인도를 받습니다. 우리
의 삶에도 육적인 것인 삶을 버리고 성령 안에 살아야 합니다.
사도행전 2:4에 이렇게 말합니다.

성령 안에 사는 첫 번째는 성령의 기름부음을 사모하고 성
령을 받아야 하는 것입니다. 자꾸 무엇을 하고 만드는 것보다
성령께서 일하시도록 나를 내어드리는 것입니다. 우리의 실수
는 성령의 자리를 노린다는 점입니다. 하나님의 크기와 능력을
제한하는 경우가 허다합니다. 때로 내 안의 고집은 사단의 것
이 많습니다. 고집을 정리하면 성령이 보입니다. 성령의 충만
을 받으면 반응이 달라집니다. 육을 이깁니다. 분노가 사라집
니다. 두려움이 사라집니다. 육체의 질병이 사라지기도 합니
다. 아니 질병이 육체에 남아있어도 질병에게 지지 않고 구원
을 떠나지 않습니다. 몸에 질병이 생기면 질병보다 무서운 것
은 불신과 불안입니다. 그래서 하나님과 거리를 생깁니다. "나
에게 이런 병을 주시다니"하면서 하나님을 잡았던 손을 놓기
도 합니다. 제일 무서운 일입니다. 그래서 질병이 하나님을 이
깁니다. 아이러니한 것은 질병 때문에 하나님과 멀어지면서도
천국 가기는 원합니다. 하나님과 멀어져서는 천국이 없습니다.
천국이 다시 찾아오는 것은 성령을 받는 것입니다.

많은 성도들이 궁금하여 이렇게 질문합니다. "성령을 어떻게 받습니까?" 성령 받는 방법에 대해 시중에 서적이 많습니다. 그러나 성령 받기는 딱 한 가지입니다. 내 안에 육을 버리는 것입니다. 그런데 "무엇을 버릴까"를 묵상하면 더 안 버려지고 죄 가운데 살아갑니다. 그래서 방법은 하나님을 더욱 사랑하는 것입니다. 하나님을 사랑하는 만큼 하나님이 원하는 대로 변화가 되고 하나님을 높이는 것입니다. 성령을 제대로 받지 못하는 이유에 앞에 서서 자신의 모습을 돌아보아야 합니다. 정말 내가 하나님의 말씀을 사모하는가? 말씀을 읽고 필사하며 말씀으로 살기를 원하는가? 스스로 질문해야 합니다. 다윗은 하나님을 사모하기에 골리앗 앞에서도 굴하지 않고 소리칩니다.

"만군의 여호와 하나님의 이름으로 간다"

하박국은 하나님을 사모하며 "의인은 그의 믿음으로 말미암아 살리라"라고 고백하며 잘 아는 구절을 노래합니다.

"무화가가 싹이 트지 않고, 포도나무에 열매가 없다 해도, 우리에 양 떼가 없고 외양간에 소가 없다고 해도 난 여호와로 즐거워하리 구원의 하나님으로 인해 기뻐하리라" (합 3:17~18)

하나님을 사랑하면 성령이 임합니다. 성령의 인도를 받고 살아갑니다. 하나님께 더욱 집중하십시오. 하나님께서 길을 안내할 것입니다. 하나님께서 우울을 벗는 방법을 알려 주십니다.

성령 안에 사는 두 번째는 선포의 능력을 소유하는 것입니다.

> 베드로가 이르되 은과 금은 내게 없거니와 내게 있는 이것을 네게 주노니 나사렛 예수 그리스도의 이름으로 일어나 걸으라 하고 (사도행전 3:6)

기도의 시간을 찾아서 성전에 오르는 베드로처럼 하나님의 자리를 찾아 나서야 합니다. 하나님을 만나는 시간을 만들고 하나님과 교제하며 하나님이 사용하시기에 준비된 축복의 통로요 영의 통로가 되어야 합니다. 성령님이 임하시면 선포하게 되어있습니다. 입이 근질거리고 몸이 근질하며 가만히 있지 못하고 성령께 쓰임 받게 됩니다. 선포의 가장 강력한 이름입니다.

"예수 그리스도"

"아빠"하고 부르는 어린아이가 있습니다. 아빠의 능력을 믿는 것입니다. 그래서 부서진 장난감을 들고 '고쳐주세요!' 하는 마음으로 아빠에게 옵니다. 마찬가지입니다. 예수 그리스도가 기다리는데 우리는 그 이름을 부르지 않고 사용하지 않는다는 것입니다. 기적의 시작은 능력의 이름을 부르는 데서 시작되는 것입니다. 길이 열리는 것은 예수님의 이름을 부르는 것에서 시작됩니다. 예수 그리스도의 이름으로 대상을 향해 기도하는 것입니다.

성령 안에 사는 세 번째는 잡아 일으키는 성령의 임재 가운데 동역하는 사역입니다.

> 오른손을 잡아 일으키니 발과 발목이 곧 힘을 얻고 뛰어 서서 걸으며 그들과 함께 성전으로 들어가면서 걷기도 하고 뛰기도 하며 하나님을 찬송하니 (사도행전 3:7,8)

어떤 변화가 일어납니까? 발과 발목에 힘을 얻고 뛰어 서서 걸으며 성전으로 들어가며 하나님을 찬송했다고 합니다. 성령의 임재에 사로잡히면 담대하고 삶에서든 신앙에서든 성령님께 쓰임 받으므로 주변에 하나님이 주신 기적이 많이 지고 간증이 많아집니다. 결국 우리의 신앙은 내가 하는 것이 아니라 성령님이 하시는 것입니다. 지금 어디에 살고 있습니까? 성령님 안에서 결단을 결과로 만드는 능력을 소유해야 합니다. 사모하고 또 사모하며 행동하고 또 행동하므로 성령 안에 사는 결과로 변화될 수 있습니다.

5. 예수님께 기대어 서라

'늘 고민합니다. 어디로 가야 하나? 무엇을 해야 하나?' 신앙은 머물러 있는 것이 아니라 하나님이 원하는 곳을 찾아 나서는 것입니다. 이것이 믿음이죠. 우리 인생은 정확히 말하면 천로역정입니다. 고난과 유혹과 갈등과 때론 사기와 수치와 모욕. 이런 것을 통하여 이 땅에서의 성공을 원하는 것이 아니라 천국으로 가는 길을 찾는 것이 목표입니다. 천로역정 여행 중에 우리가 결정할 것이 두 가지 있습니다. 첫째, 상처에 이끌려 살 것인가? 아니면 믿음으로 살 것인가 하는 것입니다. 또 하나는 인기와 권력을 위해 사람들을 보며 살 것인가 아니면 하나님의 나라를 위해 하나님을 보며 살 것인가 하는 점입니다. 결국에는 하나님을 믿는 믿음이 우리 인생의 목적이고 목표이고 방향입니다. 그래서 참된 믿음에는 3가지 점검을 해야 합니다.

첫째는 하나님의 존재를 믿는 것입니다.

물론 "나는 하나님을 당연히 인정해"하며 단호하고 부정하겠지만 가끔 이렇게 무의식적으로 습관적으로 기도하는 분들이 있습니다. "만일 하나님이 계시다면……" 잘못된 습관의 가정법이죠. 이것은 심각한 불신이고 조심해야 할 발언입니다.

두 번째는 하나님의 성품을 인정하는 것입니다.

하나님의 성품을 모르기 때문에 하나님이 잘 이해되지 않을 때가 있습니다. 각 교회에서 진행되는 성경공부에 시간을 투자하여 하나님의 성품 배우기를 결단해야 합니다. 스스로 하나님의 성품에 대해 점검하는 일이 필요합니다.

마지막 세 번째는 하나님의 일하는 방식을 인정해야 합니다.

그런데 이 부분이 반응하기가 제일 어렵습니다. 하나님의 일하는 방식을 인정하는 것은 내 것을 내려놓고 포기해야 가능해집니다. 내 것이 남아있다면 끝까지 이해가 안 되고 결국에는 신앙을 떠나는 일도 생깁니다.

저도 가끔 하나님의 일하는 방식이 이해도 안 되고 제 맘에 안 들 때도 있습니다. 그러나 시간이 지나 보면 왜 그렇게 하셨는지 충분히 알게 됩니다. 2008년 중국 북경 갈 때 이런 식의 질문을 하죠. "왜 중국입니까?", "꼭 가야 합니까?"

면접을 보기 위해서 2008년 9월 처음으로 중국행 비행기를 타게 됩니다. 비행기에 탑승하기 위해 탑승구에서 수속을 할 때 승무원에게 표를 내밀었습니다. 그런데 갑자기 다른 티켓으로 교체해 주는 것입니다. 자세히 보니 바뀐 티켓에 기록된 것은 일반석이 아니라 비즈니스석입니다. 아웃리치(Outreach)를 다니며 비행기를 여러 번 타봤지만 이런 경우는 처음이었습니다. 마일리지가 쌓인 것도 아니고 궁금해하며 표를 물끄러미 바라볼 때 제 귀를 울리는 말씀이 있었습니다. 꼭 하나님의 말씀인 듯했습니다.

"왜 의심하느냐? 됐냐? 중국 맞지? 이 정도면 됐냐?"

반항할 수 없는 하나님의 일하는 방식이었습니다. 북경에서 3일 면접을 마치고 돌아올 때도 혹시 기대했는데 이미 확정되어서인지 다시는 그런 일이 없었습니다. 중국을 왜 갔어야 하는지는 다녀와서 그 이유를 알게 됩니다.

말씀의 사건도 사실 잘 이해가 안 됩니다. 계속 묵상하면 이런 생각이 듭니다. 배에 오른 제자들은 대부분 뱃사람들입니다. 뱃사람에게 파도로 시험하는 일이 이해가 잘 안 되었습니다. 그러나 깊게 생각하면 교만이 사라지게 하는 것입니다. 아마도 제자들이 예수님께 돋보이는 장면이 있다면 배 위에서, 물 위에서 가능할 것입니다.

"바다쯤이야"

하고 배에 오르자마자 돛을 올리고 키를 잡고 노를 저었을 것입니다. 갈릴리바다는 이들이 생계유지하는 사업장소이기도 합니다. 그러나 하나님은 무참히 깨지게 합니다. 평범한 파도가 아닙니다. 사람으로는 도저히 어찌할 수 없는 파도입니다.
결국, 두 손 들고 예수님을 찾아갑니다. 가장 욕심나고 사랑스
럽고 가장 손에 쥐고 싶은 것을, 자랑스러운 것을 내리지 않으
면 하나님을 만날 수 없습니다. 뱃사람 제자들은 바다에게 꼬
리를 내리는 것입니다. 지금처럼 문제가 많은 시대에 우리의
살길은 길을 안내해 주는 하나님을 만나는 것입니다. 구원 앞
에 나올 뿐 아니라 우리의 삶에서도 인도함을 받을 수 있는 길
을 발견하는 것입니다. 그런데 감사하게도 성경에 그런 내용들
이 기록되어 있습니다. 요한복음에 사도 요한이 이런 기록을
합니다.

"내가 곧 길이요 진리요 생명이다."

"나는 양의 문이다."

"이 문을 다니는 자들이 살 것이다."

이 선포의 주인공은 예수님입니다. 지금 같은 시대에 위로는
멈출 수가 없습니다. 반드시 무슨 일을 하든지 길을 안내하는
인도자를 바르게 만나야 하는 것입니다.

배에 오르시매 제자들이 따랐더니 (마태복음 8:23)

여기서 '따르다'는 헬라어로 '아콜루데오'라고 합니다. '켈류
도스'라는 말에서 유래되었는데 그 뜻은 '길'의 의미를 가집니

다. 따라가는 것은 길을 발견했다는 것입니다. 예수를 따랐다는 것은 예수를 믿기로 결정했다는 것입니다. 어떤 길로 가야 하는지 결정해야 합니다. 이 단어의 특이점이 있습니다. 이 단어는 예수님 당시에 만들어진 단어입니다. 왜냐 하면 그리스도인들이 그리스도를 따른다는 독특한 개념에서 예수님의 제자들 사이에 뿌리내린 단어입니다.

"켈류도스"

예수님의 길로 나아가는 사람들입니다. 길로 나아간다면 한 가지 반드시 동반되는 것이 있습니다. 사귐입니다. 예수님이 계시기 때문에 예수님과 함께 한다는 것입니다. 다른 말로 한다면 '예수님과 사귀는 것'입니다. 그런데 문제는 사단입니다. 사단은 예수님을 사랑하지도 않으면서 질투를 합니다. 사단이 가만 두지를 않습니다. 영적으로 길이 열리면 성령의 길만 열린 것이 아닙니다. 사단도 입을 벌리고 잡아먹으려고 기다리고 있다는 것입니다. 일이 잘되면 따라오는 것이 사단의 유혹입니다. 지갑에 담을 수 없을 만큼 돈을 벌면 제일 먼저 무엇을 하고 싶으십니까? 형제들에게는 유흥과 음란과 도박으로 부릅니다. 자매들에게는 우스운 이야기지만 첫째는 명품 생각이 많죠. 두 번째도 명품 생각입니다. 그리고 마지막 세 번째도 명품입니다. 이것이 우리의 필요를 아는 사단의 유혹입니다. 이러다가 쫄딱 망해야 회개하고 다시 예수님 앞으로 나오는 경우가 허다합니다. 예수님의 죽음은 바다에 빠져 익사해서 죽는 죽음이 아니었습니다. 예수님이 하나님의 아들인 줄 믿는 믿음이 있었다면 제자들은 평안할 것입니다. 그 배에는 하나님의 아들인 예수님께서 함께 하시기 때문입니다. 이것이 참된 믿음이요 사귐입니다.

여러분의 삶은 어떠합니까? 비록 생각하지도 못한 일들이 폭탄 터지듯 터진다 해도 우리의 일은 폭탄에 대한 두려움이나 후유증을 근심하는 것이 아닙니다. 우리가 근심할 것은 내게 믿음이 있는가를 근심해야 합니다. 그런데 너무 다행스러운 것은 요한복음 14장에 예수님께서 "근심하지 말라"라고 선포하십니다. 우리가 거할 처소를 준비하신다는 것입니다. 이것은 천국에 우리의 처소를 마련할 뿐 아니라 믿는 지금이 천국의 삶처럼 된다는 것입니다. 믿고 기도하는 것입니다. 믿음은 주님의 선물이며 능력입니다. 기도는 병든 자를 낫게 합니다. 물질의 문제를 당장 해결하지 않아도 때마다 그 산을 넘도록 도구를 주시므로 하나님 안에 사는 자의 평안을 구하게 하십니다. 이것은 사귐 안에서 해결됩니다. 오늘 우리가 구할 우선은 '켈류도스'입니다. "주님의 길을 걷게 해 주십시오" 하는 것입니다. 내 안에 예수님이 계신가를 확인하는 것입니다. 제자들에게 위기가 닥칩니다. 갑자기 바다에 큰 폭풍이 일어 배 안으로 파도가 들이쳤습니다. 그러나 예수께서는 주무시고 계셨습니다. 큰 폭풍이란 거센 파도를 말합니다. 폭풍의 다른 의미는 흔들림, 지진을 말합니다. '큰' 할 때 영어단어가 'Great'입니다. 아주 거대한 것입니다. 우리가 크다고 말할 수 있을 정도가 아닙니다. 아마 일기예보가 있다면 캐스터가 이렇게 안내할 것입니다.

"오늘 바다에 거센 바람이 불어 파도가 높습니다. 높은 파도는 10미터입니다."

10미터는 아파트의 5층, 6층의 높이입니다. 10미터의 파도가 덮친다고 생각해 보십시오. 정신 못 차릴 것입니다. 그런데 상황을 보니 우리의 삶에도 거대한 파도가 덮칩니다. 생각 못한 일들이 터지고 좀 나아졌는가 하면 또 반복되어서 찾아오고 준비하지 못한 일이 많고 병이나 환경이 수차례 우리의 생활을 덮칩니다. 생각할수록 짜증 나고 열이 받고 그러나 어찌할 수 없는 일이 많습니다. 그런데 우리의 삶과 정반대의 모습을 보여주는 부분이 등장합니다. 10미터의 파도가 덮치는데 배에서 주무시는 분이 계십니다. 이때 '주무시다'는 영어로 슬립(Sleep)이라고 기록합니다. 자는 척도 아닙니다. 푹 주무시는 것입니다. 자려고 애쓰는 것도 아닙니다. 이것은 다음 절에서 제자들이 예수님을 깨우는 단어를 보면 알 수 있습니다. '깨우다'는 헬라어로 '에게이로'라고 하는데 '일어나다, 일어서다'의 뜻도 있지만 '죽은 자를 일으키다'는 의미도 있습니다. 그러니까 예수님은 이 혼동과 파도 속에서도 하나님에 대한 믿음이 있으므로 평안할 수 있었습니다. 내가 하면 불안합니다. 내가 하면 억울합니다. 내가 하면 슬럼프가 있습니다. 믿음이 잘못되면 불만만 많습니다. 하나님의 일하는 방식을 인정하지 않는다는 것입니다. 그러나 지금 예수님은 하나님의 일하는 방식을 인정하는 것입니다. 그래서 중요한 것이 믿음입니다. 내가 연약해도 하나님이 선하게 바꾸시고 하나님이 일하심을 온전히 신뢰해야 합니다. 기도의 자리로 나아갑니다.

"왜 하나님께서 배를 흔들까요?"

배를 흔드신 것은 제자들의 믿음을 보기 위해서였습니다. 뿐만 아니라 자연을 치유하시는 예수님의 능력과 하나님의 영광을 위해서입니다. 하나님도 우리를 흔드실 때가 있습니다. 이럴 때 두 가지 방법으로 나뉩니다.

첫째, 하나님에게 다가오는 그룹이 있습니다. 병들고 힘들고 어려울 때 우울할 때 말씀을 파고, 기도를 파고, 예배를 파고, 교회를 더욱 사랑합니다.

둘째, 더욱 자신의 방법으로 살아갑니다. 교만하기 때문에 자신 밖에 없다고 생각합니다. 그런데 자신의 방법이란 객관적인 세상의 방법입니다. 하나님께 다가가는 힘들 때 예배의 자리를 찾아가는 것은 왠지 주관적인 것 같고 소홀히 대처하는 것 같고 세상의 눈으로 볼 때 가장 바보처럼 보입니다. 그러나 어떤 고난, 어떤 파도가 불어도 해결책을 쥐고 계신 분이 하나님입니다. 세상적인 방법을 넘어 하나님의 방법으로 우리의 일을 돌아보게 하시고 정답을 주십니다. 지금은 하나님을 최고로 믿는 믿음이 필요합니다.

마태복음 8:26에 믿음이 적은 자는 헬라어 원어로 '올라고피스토스', 거의 신뢰하지 않는 의미입니다. 그러므로 우리의 환경 속에서 먼저 점거할 것이 믿음입니다. '예수님을 바라고 있는가?', '예수님을 하나님의 아들로 고백하며 늘 동행하는가?' 예수님에게 먼저 묻지만 예수님을 단지 해결사로 이해하는 것은 아닙니까? 일이 벌어지고 난 후 내가 힘이 부족함을 깨닫고, 내가 안 되는 부분을 해결해 주는 해결사로 예수님을 취급하지 않습니까? 예수님을 날마다 만나기 위해 말씀 앞에 나아가야 합니다. 누군가와 약속을 하고 만나기 위해 준비하듯 예수님을 만나기 위해 준비해야 합니다. 그 준비의 시작이 성경입니다. 말씀 안으로 들어와야 합니다. 말씀이 예수님이며 육신으로 오신 분이 예수님입니다. 예수님과 교제하고 사귀고 싶다면 기도하며 내 생각을 전달하고 해결사 취급만 해서는 안 됩니다. 말씀 안으로 들어와서 사귐이 있어야 합니다.

예수님은 배 안쪽 고물에서 나오셔서 갑판 위에 서십시다. 바람과 파도를 꾸짖으시니 아주 잔잔해집니다. "잠잠하라. 고요하라"는 예수님의 권세의 말씀입니다. 예수님과 진정한 사귐이 있다면 우리 안에 예수님의 권세가 있는 것입니다. 막혔다고는 생각하지 마십시오. 안 된다고 생각하지 마십시오. 졌다고 생각하지 마십시오. 인생의 목표가 재미라면 그냥 그렇게 살아도 되지만 우리의 목표는 예수님과 사귀는 것입니다.

6. 비로소 위로가 가능해 집니다

마태복음 9:18~26의 말씀에는 두 내용이 등장합니다. 회당
장 야이로의 사건과 혈루병에 걸린 여인의 사건입니다. 별개의
사건인 듯하나 마태복음을 기록한 저자 마태뿐 아니라 복음서
기자들은 두 사건을 묶어 놓았습니다. 복음서 기자들의 의도를
생각한다면 예수님의 신적 능력을 드러낸 것입니다. 첫째는 죽
은 자를 살리신 것, 둘째는 어디에서도 어느 누구도 치유가 되
지 못한 병을 치유합니다. 하나님이 아니면 안 되는 사건을 마
태는 기록했습니다. 이것은 예수님이 하나님임을 증명하는 사
건입니다. 마 9:18절에 이 같은 말씀이 등장합니다.

> 예수께서 이 말씀을 하실 때에 한 관리가 와서 절하며
> 이르되 내 딸이 방금 죽었사오나 오셔서 그 몸에 손을
> 얹어 주소서 그러면 살아나겠나이다 하니
>
> (마태복음 9:18)

18절에서 '이 말씀'은 마태복음 9장 17절을 의미합니다.
새 포도주를 낡은 가죽 부대에 넣지 아니하나니 그렇게

하면 부대가 터져 포도주도 쏟아지고 부대도 버리게 됨
이라 새 포도주는 새 부대에 넣어야 둘이 다 보전되느
니라 (마태복음 9:17)

이 말씀을 하고 있을 때 회당장이 찾아온 것입니다. 마태의
의도입니다. 옛 사람인 낡은 가죽 부대가 사라지고 전혀 다른
새 사람으로 변해야 예수 생명을 담기에 합당한 새 가죽 부대
가 되는 것입니다. 회복의 시작은 낡은 가죽 부대를 버려야 합
니다. 낡은 부대로는 새로워질 수 없습니다. 비로소 위로가 가
능해집니다.

우리 인생에서 가장 필요한 것은 용기일 것입니다. 용기의
의미는 도전과 인내와 절제입니다. 예수님 앞으로 나오는 용기
가 필요합니다. 용기 아닌 것을 포기하는 담대함도 필요합니
다. 상황이 용기를 부릅니다. 익숙한 곳에서 남아있는 것은 도
전도 용기도 아닙니다. 낡은 부대는 버리고 새 부대를 사용해
야 합니다. 회당장의 신분에서 길거리에서 인기 있는 한 사람
을 찾아가서 무릎을 꿇는다는 것은 회당장의 자리를 포기하는
것입니다. 누가는 회당장의 이름을 '야이로'라고 밝힙니다. 딸
의 생명을 위해 자리의 권력과 명예를 포기한 것입니다. 마태
는 예를 들며 낡은 부대와 새 부대의 결론으로 회당장 야이로

의 태도에 초점을 옮깁니다. 회당장에게 낡은 부대는 무엇일까요? 아마 회당장 정도의 위치가 되면 가지고 있는 것이 많았을 것입니다. 회당장쯤 되면 가지는 권력 욕구, 명예 욕구, 물질 욕구가 가득할 것입니다. 또 그 자리에 오르기까지 비난, 술수, 상처, 다툼, 분노와 거짓으로도 가득했을 것 있습니다. 아마도 성경에 기록된 내용은 없으나 딸에게 좋고 상냥한 아버지는 아니었을 것입니다. 사회적으로는 명성이 있고 높은 자리에 오를 만큼 인정을 받았으나 가정에서는 예상컨대 인정을 받지 못했을 것입니다. 가정에서 충분한 시간을 보내지 못하고 남성 위주의 태도로 가정에서 친근감 있는 역할을 하기 힘들었을 것입니다.

그러나 이젠 다릅니다. 딸의 죽음 앞에 사회적 명성을 버립니다. 딸을 살리기 위해 예수님을 만나면서 가장 먼저 해야 할 것을 마태는 말하고 있습니다.

첫째, 낡은 부대를 버려야 한다고 선포합니다. 그리고 새 부대를 잡아야 한다고 말합니다.

이 말은 회당장에게만 해당되는 것이 아닙니다. 현재를 살고 있는 사람들에게도 하는 말합니다. 요즘 병은 욕망이라고 합니다. 'MZ세대'의 특별한 병은 욕망에 있다고 말합니다. 그 욕망으로 인해 쉽게 우울이 찾아옵니다. 원함대로 살아가는 것이

MZ세대의 특징입니다. 욕망은 자기 원함이 욕구가 되고 탐심이 됩니다. 자기 뜻대로 되지 않을 경우 문제가 다발적으로 생깁니다. 쉽게 찾아온 우울은 생명도 귀한 것으로 여기지 않습니다. 상처와 분노와 미움에서 빠져나오려면 새 부대를 잡아야 합니다. 우리의 버릇은 낡은 부대를 묵상하고 낡은 부대에 목을 매고 낡은 부대를 손에서 놓지 못한다는 것입니다. 그러나 우리 삶에 반드시 새 부대가 필요합니다. 새 부대는 바로 '예수 그리스도'입니다.

낡은 부대는 첫 번째 아담입니다. 하나님처럼 되기 위한 욕망으로 살아서 결국 하나님께 불순종했던 아담입니다. 그러나 새 부대는 첫 번째 아담의 악한 욕망을 끊어버리고 하나님과 동등됨을 취할 것을 여기지 않은 두 번째 아담의 모습입니다. 이제 예수님 안에 산다면 근심 걱정이 아니라 예수님과 동행을 기뻐하는 것입니다. 모든 길은 내 생각에 있는 것이 아니라 예수님께 있음을 고백하는 것입니다. 정답을 주시는 예수님을 믿고 감사로 살아가는 것입니다. 이것이 위로의 시작이 됩니다. 때론 내 뜻과 다를 수 있습니다. 그래서 자기 십자가가 필요한 것입니다. 그래서 성품을 닮은 성령의 열매도 필요한 것입니다. 술 취하지 않고 성령을 받는 결단도 필요합니다. 하나님이 "가라" 명하는 길로 출발하는 순종이 필요합니다. 이것이 예수님의 길입니다. 그리스도인은 예수님의 길을 걷는 사람들입니다. 이런 선포를 하는 삶을 살아가야 합니다.

"나는 예수님의 길을 걷는 사람입니다"

상처에서 빠져나오는 회복의 길뿐만 아니라 가장 강력한 위로를 받는 길은 예수 그리스도의 길을 걷는 것입니다. 회당장은 새 부대의 역사를 시작합니다. 회당장은 낡은 부대를 버릴 때 새 부대 되시는 예수님을 만날 수 있습니다. 이것이 상처에서 벗어나는 최고 방법입니다. 이때 정말 필요한 것이 용기였습니다. 그리스도인은 용기보다 더 강력한 믿음이 필요합니다. 믿음은 확신이며 기대이며 집중이며 전적 신뢰입니다. 회당장이 예수님께 말합니다.

"아이에게 손을 얹어 주시면" (마 9:18)

이라고 말합니다. 죽은 딸이 다시 생명을 찾는 일에 율법은 한계입니다. 살아가는 지침이 될지 모르지만 율법은 죽은 사람을 살릴 수 없습니다. 다시 살릴 수 있는 능력은 하나님의 아들 예수님께 있음을 인정하는 것입니다. 예수님이 십자가에서 죽었다가 다시 살아남으로 인해 우리의 영은 항상 살아있습니다.

요한복음 6장에서도 말합니다.

'살리는 것은 영이니 육은 무익하니라' (요한복음 6:63)

영적 삶을 살아가는 것이 중요합니다. 성령에 사로잡힌 사람이 되길 기도해야 합니다. 순종이 쉬운 것은 영으로 살기 때문입니다. 가정이 주 안에서 하나 되는 것은 영으로 사는 덕분입니다. 항상 기뻐하고 쉬지 않고 기도하며 범사에 감사하는 것은 영으로 살기에 가능한 것입니다. 육으로 살아갈 때면 나이가 들어갈수록 노욕이 더욱 심해집니다. 90세 된 치매 걸리신 어르신을 뵌 적이 있습니다. 90세이고 치매임에도 불구하고 손에서 놓지 못하는 한 가지가 있었는데 '통장'이었습니다. 아들 며느리 손주들과도 거리가 멀어지고 통장 비밀번호 때문에 오해하고 의심하는 사건이 벌어지기도 했습니다. 말기 암에 걸렸기 때문에 마음이 녹고 사랑하는 것이 아니라 끝까지 사랑받기 원하는 마음을 내려놓지 못하고 주변 사람을 귀찮게 하고 힘들게 하신 어르신을 뵌 적도 있습니다. 은퇴하거나 은퇴를 앞둔 목회자조차도 교회를 놓지 못하고 강단의 자리를 놓지 못한 채 하나님과 동등됨을 취할 것으로 여기면서 후배 목사들과 갈등하며 하나님 보시기에 아름답지 못한 마지막을 보내는 사람들도 있습니다. 목사로서 말년까지 지내겠지만 훗날 천국에 가면 하나님께 "도무지 누구인지 모른다"는 이야기를 들을 것이 분명합니다. 그래서 육은 죽이는 것입니다. 영으로 살기 위해 성령으로 사는 삶의 습관이 필요합니다. 영적인 갈급함이 필요했던 회당장 야이로의 말입니다.

"아이에게 손을 얹어 주소서 그러면 살겠나이다."

(마태복음 9:18b)

정답까지 말합니다. 예언일까요? 바람일까요? 이 의미는 낡은 부대를 버리고 새 부대로 갈아타는 것입니다. 딸을 살리기 위해 예수님을 만나면서 가장 먼저 해야 할 것, 둘째는 절망하지 않고 좌절하지 말고 모든 희망을 예수님께 두라고 선포합니다. 예수님의 능력에 대한 믿음입니다. 믿음으로 아들을 드렸던 구약의 한 사람이 있죠? 아브라함입니다. 히브리서에서는 아브라함에 대해 이런 말을 합니다.

그가 하나님이 능히 이삭을 죽은 자 가운데서 다시 살리실 줄로 생각한지라 (히브리서 11: 19a)

죽은 사람도 살리신 하나님의 능력입니다. 이 정도 되면 하나님은 이렇게 여겨집니다. 무엇이든 가능하신 분입니다. 무엇이든 이루시는 분입니다. 어쩌면 우리에게 가장 부족한 부분은 믿음입니다. 예수님이 어찌하든 나의 삶은 예수님으로 인하여

복된 삶을 누릴 것입니다. 편한 것을 원하는 것이 아니라 평강을 원하는 기도가 있어야 합니다. 그런데 우리는 대부분 평강보다는 편리를 구합니다. 돈이 많으면 좋고, 병이 나으면 좋고, 좋은 대학에 합격하면 좋고, 좋은 직장을 원합니다. 하나님이 원한 것보다 세상이 원하는 곳에 마음이 갑니다. 하나님을 준비하는 것이 아니라 노후를 준비합니다. '혹시' 하면서 하나님은 '예비비' 항목에 넣고 세상을 향한 생각으로 사는 것이 우리의 삶입니다. 하지만 그 무엇과도 바꾸지 않기 결단한 예수님을 마음에 두고 예수님과 사귀어야 합니다. 예수님과 사귀는 사람이 되십시오. 예수님과 사귀면 예수님이 다 주십니다. 내욕심이 너무 커서 주신 것을 미처 발견하지 못하고, 감사하지 못하고 그냥 지나칠 때가 많습니다. 그러나 돌이켜 보면 예수님의 인도하심을 충분히 깨닫게 됩니다. 그리고 예수님을 인정하게 됩니다. 예수님을 인정하면 상황이 인정됩니다. 환경과 처지가 인정됩니다. 그래서 환경에게 구하는 것이 아니라 예수님을 구하고 참된 믿음을 가집니다. '오직 예수'의 의미를 바르게 깨닫고 선포하며 살게 됩니다. 모든 일이 예수님으로 시작하고 예수님으로 마치는 것이 가능해집니다.

둘째. 필요한 것은 간절함입니다. 마태는 간절함을 지니라고 선포합니다.

아마도 회당장은 딸을 위해 목숨을 내놓으라면 목숨을 내놓았을 것입니다. 딸을 살리는 간절함입니다. 이 시대를 사는 아버지도 마찬가지입니다. 상처를 심하게 주었을지라도 이 상황쯤 되면 목숨을 내놓고 지키고 싶은 것이 아들, 딸의 존재입니다. 그렇다고 실험은 하지 마십시오. 이것이 아버지들의 마음인데 상처를 주었던 것은 아버지도 아버지가 처음이고 세상의 욕망에 사로잡혀 예수님의 길을 잃었기 때문입니다. 그래서 아버지들이 예수님 안으로 들어오도록 강력하게 기도해야 합니다. 믿음에 필요한 요소는 간절함입니다. 간절한 만큼 강력한 기도는 없습니다. 잘 살기 위한 간절함이 아니라 잘 믿기 위한 간절함입니다. 삶에 간절함이 빠지면 믿음도 흐려집니다. 회당장의 간절함에 대한 예수님의 반응입니다.

예수께서 일어나 따라가시매 제자들도 가더니

(마태복음 9:19)

예수님의 방향은 간절함에 동참해 주십니다. 백부장이 앞장서고 예수님은 그 간절함을 따라가는 은혜를 경험합니다. 성경은 간절함을 아시는 하나님의 마음을 시편에서 노래합니다.

> 주께서 내가 앉고 일어섬을 아시고 멀리서도 나의 생각
> 을 밝히 아시오며 (시편 139:2)

이 말씀을 암기함은 각자에게 위로가 될 것입니다. 그런데 문제가 발생합니다. 뜻하지 않는 일이 벌어진 것이죠. 혈루증 여인의 등장입니다.

> 열두 해 동안이나 혈루증으로 앓는 여자가 예수의 뒤로
> 와서 그 겉옷 가를 만지니 (마태복음 19:20)

예수님이 "가자" 하고 일어서서 출발하려는 그때 사람들이 많이 밀고 밀리는 상황이 벌어졌습니다. 이때 한 여인이 용기를 냅니다. 회당장과 동일한 용기입니다. 마태는 같은 상황을 반복해서 보여줍니다.

첫째, 낡은 부대를 버립니다.

세상의 모든 치료 방법을 버립니다. 세상을 의지하던 육적 습관을 버립니다.

둘째, 예수님을 온전히 믿고 의지하기로 합니다. 목숨 걸고 예수님을 터치하기로 용기를 냅니다. 이것이 믿음의 시작입니다.

'죽으면 죽으리라' 다짐하고 예수님과 사귐의 결단을 내리는

것이 믿음입니다. 편한 것이나 쉬운 것이 아닙니다. 불편하더라도 예수님을 붙잡는 것이 신앙입니다.

셋째, 그 누구도 말릴 수 없는 간절함의 표현입니다. 믿음을 드러냅니다. 보통의 믿음이 아닙니다. 무엇이라 고백합니까?

이는 제 마음에 그 겉옷만 만져도 구원을 받겠다 함이라 (마태복음 19:21)

회당장과 동일합니다. 혈루증 걸린 여인도 정답을 말합니다. 예언일까요? 바람일까요? 회당장과 마찬가지로 예수님의 능력에 대한 믿음입니다.

"아이에게 손을 얹어 주시면" (마 9:18)
"예수의 옷자락만 만져도" (마 9:21)

결론은 무엇입니까? 모든 것이 회복된다는 것입니다. 우리에게도 해당이 됩니다. 결론은 정해져 있습니다.

'살아난다'는 것입니다. '회복된다'는 것입니다. '우울에서 벗어난다'는 것입니다. '혈루가 멈춘다'는 것입니다.

위로받기 원하는 사람에게 있어야 할 선포는 '오직 예수'입니다. 긍정의 마음이 아니라. 온전한 믿음입니다. "오직 예수밖에 없습니다."라고 부르짖는 것입니다.

예수께서 돌이켜 그를 보시며 이르시되 딸아 안심하라
네 믿음이 너를 구원하였다 하시니 여자가 그 즉시 구
원을 받으니라 (마태복음 18:22)

간단합니다. 믿음이 난치병을 낫게 합니다. 믿으면 구원받게
됩니다. 믿으면 예수님을 만나게 됩니다. 그리고 이 사건을 마
친 후 당황해하는 회당장을 데리고 회당장의 집으로 들어가셨
습니다(마 18:23). 세상을 향해 오시는 예수님의 진입은 치유입
니다. 십자가의 죽으심은 세상을 향한 진입이며 우리를 향한
진입입니다. 세상이 치유된 것이고 우리가 치유된 것입니다. 사
단의 묶임에서 풀려 자유의 몸이 된 것입니다. 이제 예수님은
백부장 딸 앞에 도착을 합니다.

예수께서 그 회당장의 집으로 들어가셨습니다. 그곳에
서 피리 부는 사람들과 곡하는 사람들을 보시고

(마태복음 9:23)

들어가셨다는 것은 예수님의 도래입니다. 헬라 원어는 '엘
코마이'라고 기록합니다. '신 현현'을 나타냅니다. 회당장의 집
에 하나님의 등장입니다. 우리는 결론을 알지만 하나님의 등장
을 모르는 사람들은 불신합니다. 예수님은 소녀의 손을 잡으셨

습니다. 그러자 소녀가 일어났습니다(마 9:25). 이 말씀에서 '일어나다'라는 것은 '깨어났다'는 의미입니다. 소녀의 손을 잡으셨습니다. 예수님의 능력이 나간 것입니다. 그래서 깨어납니다. 예수님과 사귈 때 예수님의 능력을 경험할 수 있습니다. 게다가 그 능력을 우리에게도 나누어 주셨습니다. 믿고 구하고 예수님 안에 사는 것이 능력이 됩니다. 오늘을 성실히 사랑하며 담대히 사는 것이 예수님이 주시는 능력입니다. 순종하는 능력, 예배하는 능력이 예수님이 주신이 능력 됩니다. '능력 주시는 자 안에서 무엇이든지 할 수 있음'(빌 4:13)을 고백하며 삶을 능력으로 사는 것입니다. 그래서 죽어 있는 육적인 내가 성령 안에서 영적 사람이 되는 것입니다. 발버둥 쳐서 되는 것이 아니라 예수님 안에서 예수님의 능력을 드러내는 사람에게 역사합니다. 예수님을 만날 때 치유가 가능해지며 회복이 가능해집니다.

더함 없는 위로는 예수 이름을 갈급해 함으로 시작합니다.

더함 없는 위로는 예수 그리스도의 이름으로 예배함으로 마침이 됩니다.